「主体的・対話的で深い学び」を実現する算数授業デザイン

「ALふきだし法」の理論と方法

亀岡正睦 著

明治図書

はじめに

　「ふきだし法」と「ALふきだし法」はどう違うのでしょう。
　子どもの「内面性」と「思考過程」に着目し，生かし，育てる指導法の本質は不変です。しかし，本書は「主体的・対話的で深い学び」を実現する方法として注目されているアクティブラーニングの観点から更にブラッシュアップを図り，再提案することにしました。
　具体的な新たな提案は「めあてのアクティブ協約化」「アクティブ板書」「まとめと振り返りのアクティブ化」など，どこまでも子どもの内面性に一層こだわる指導法を追究しました。
　従来の「ふきだし法」には，「めあて」に関する記述がありません。これには意味があって，筆者は授業の冒頭で「めあて」を子どもに示す指導法については実は懐疑的だったからです。
　子どもに必要な道具を教師が先に渡して「ここを掘って埋まっているものを見つけなさい」とする授業ではなく，必要な道具も子どもに見つけさせ，みんなで一緒に土を掘りかえしていくと，きらっと光るものにたどり着き，歓喜に満ちた笑顔とともに掘り起こしていく授業。その子どもたちに対して「それが実は先生が探してほしかった宝物だよ」と告げるスタイルが，回り道でも価値のある学習だと思っていたからでした。
　しかし，「ふきだし法」による実践研究を続ける中で，子どもたちの「スタートふきだし」の中に，キラキラ光る宝のカケラが存在することの意味を再認識し，そのことを教師と子どもが協約化する過程を大切にしつつ，一方で「問の発生」にこだわる活動のよさを更に推進するため，「アクティブめあて」を提案しようという考えに思い至りました。
　それと，もう一つ悩んだことがあります。「ふきだし法」の「法」の字をなくそうかと考えたことです。「主体的自律協働学習」が要請する授業デザインは，言うまでもなく〇〇方式とか〇〇型とかそんな定型・ワンパターンの指導法ではありません。

「ふきだし法」を創案してからすでに四半世紀以上が経過しました。「ふきだし法」という懐かしい響きは，捨てがたいのですが，「法」というネーミングに，若い先生方はもしかしたらハウツー本やマニュアル本と理解してしまわないかという懸念が一方でありました。

　「ふきだし法」を前著では，①ノート指導，②板書の仕方，③指導と評価の一体化，④教材分析，⑤学級経営法　の５つの観点からトータルに子どもを育てていく「指導システム」と説明しています。この根本は変わっておらず，「ALふきだし法」の定義として，新しくそのコンセプトを言い換えるのならば，「ふきだしというツールを活用したアクティブラーニングデザイン」ということになります。愛称として古典的な「法」を残していますが，その意味は，あくまでも子どもの内面に即応した自在な授業デザインなのです。

　さて，ディープアクティブラーニングやいわゆる「主体的・対話的で深い学び」の具現化は，言葉ほど簡単なものではないと思っています。そのことの算数科での実現には，これまでの数学教育学や教育方法学，認知心理学や，教育工学といったありとあらゆる学問の知見，叡智が総合的に動員，融合され始めてその端緒が見えてくるような深遠な教育の悲願であります。

　表面のみを滑ることなく，子どもの思考の本質を見つめる哲学が必要であるとも思い，少々脱線は覚悟で，様々な観点からのアプローチを試みました。そのため，やや理屈っぽくなったり，試行が飛躍的であったり，難解な部分も残してしまった反省もあります。どうか読者の皆さんは，そのあたりをご賢察によって補っていただきながらも，この新しい「ふきだし法」の真髄にふれていただき，それぞれの更なる工夫の中で，独自の「ALふきだし法実践」を展開していただければこれにまさる喜びはありません。

2017年３月

著者　亀岡正睦

Contents

はじめに ……………………………………………………………… 3

Chapter 1 アクティブラーニングによる授業デザインと21世紀型教育 …… 9

1 アクティブラーニングの意味 …………………………… 10
1 アクティブラーニングの解釈 ………………………………… 10
2 21世紀型教育をめざそう ……………………………………… 11

2 アクティブラーニングの前提 …………………………… 13
1 「知識基盤社会」の「知識」とは ……………………………… 13
2 内面が「アクティブ」であることの意味 ……………………… 14
3 「フリンジ」とアクティブラーニング ………………………… 16
4 構成的アプローチについて …………………………………… 19

Column おすすめの1冊 ……………………………………… 23

Chapter 2 能動的で自律的な学習者育成法 ……… 25

1 「能動的」学習者の育成法 ……………………………… 26
1 活動と荀子 ……………………………………………………… 26

Column 「学習指導における聴視覚的方法」を読む ………… 29

2 活動とデューイ ………………………………………………… 30

2 「自律」的学習者育成法 …… 32
1 「自分の学習を見つめる目」と「メタ認知」 …… 32
2 自己調整学習 …… 34

Column 無限後退の脱出路 …… 37

3 自尊感情を高める「ALふきだし法」 …… 38

Column ムズカシイってなに？ …… 42

Chapter 3 「ALふきだし法」によるアクティブラーニングの授業デザイン …… 45

1 「ふきだし法」と「ALふきだし法」 …… 46
1 アクティブ「ふきだしノート」デザイン …… 48
2 ポートフォリオとしてのアクティブ「ふきだしノート」 …… 50
3 ユニバーサルデザインとしての「ふきだし法」 …… 52

2 アクティブラーニングの授業デザイン …… 57
1 アクティブ「ふきだしノート」をつくる …… 57
2 アクティブ板書デザイン …… 62
3 アクティブ対話とその支援 …… 66

Chapter 4 導入・展開・まとめの場面での「ALふきだし法」 …… 73

1 導入場面の「ALふきだし法」 …… 74
1 課題把握・「問いの発生」と「ふきだし法」 …… 74
2 「めあて」をアクティブにする …… 78

2 展開・自力解決場面の「ALふきだし法」……82
1 書くことにこだわる……82
2 対話的実践でメタ認知形成にこだわる……85

Column 発達の最近接領域とは……90

3 展開・集団解決場面の「ALふきだし法」……91
1 ディープアクティブラーニングをめざす……91
2 ピア・ラーニングのコツ……96

4 まとめと振り返り場面の「ALふきだし法」……101
1 学びの連続性……101
2 子どものメタ認知と教師のメタ認知の関係……105

Column 子どもはいつも教師の想像を超える……108

Chapter 5 評価と「ALふきだし法」……109

1 真正の評価を求めて……110
1 アセスメントとエバリュエーション……110
2 アセスメントの重要性……112
3 授業総体のアセスメントとしてのＡＬノート記述評価……113
4 評価活動の目的について……114
5 自己概念の再体制化……115

2 ポートフォリオアセスメント……117

Column 子どもが「ALふきだし法」を評価するとき……120

付録「AL ふきだし法」Q&A ……………………………… 122
　「AL ふきだし法」がうまくいく最初の Step 4 ……………… 122

付録 自己意識化と認知の階層性の問題について ……… 124
　1 客体としての「ふきだし」……………………………… 124
　2 鏡像段階と自己意識の階層性について ………………… 124
　3 自己意識の階層性と非措定的（非定立的）意識 ……… 127

おわりに ………………………………………………………… 131
引用及び参考文献 ……………………………………………… 133

Chapter 1

アクティブラーニングによる授業デザインと21世紀型教育

> アクティブラーニングを「能動的自律協働学習」と規定する。21世紀に通用する学力の育成のために求められる教師の資質について俯瞰した上で,「ふきだし法」をさらにブラッシュアップした「ALふきだし法」の提案の意義について考察する。

1 アクティブラーニングの意味

1 アクティブラーニングの解釈

　Active Learning の日本語訳はこれまでの慣例に従うと「能動的学習」もしくは「主体的学習」となりますが，本書では，アクティブラーニングを少し欲張りな「**能動的自律協働学習**」というように意味づけたいと思います。単に積極的に課題に対して取り組むというだけでなく「自律」には自己調整学習（Self-regulated learning：学習者がメタ認知，動機づけ，行動において，自分自身の学習過程に能動的に関与している学習）[注1]の意味合いをこめています。自律，及び協働の意味については，順次お話するとして，本章の「アクティブラーニングによる授業デザイン」という表現についても若干の説明がいると思います。アクティブラーニングは学習の仕方の用語ですので，学ぶ側のお話です。「教師がアクティブラーニングをする」というのは本来変な話なのですが，文科省は用語集[注2]のなかで「…（中略）学修者の能動的な学修への参加を取り入れた教授・学習法の総称」としていて，世には両方の用例が存在し，混同されています。そこで溝上慎一氏は，そこを区別して，教授学習の概念としては「アクティブラーニング型授業」と呼ぶことを提唱しています[注3]。本書では，その考え方に基づいてアクティブラーニングによる授業デザインとして章立てしました。

　「ふきだし法」は教師による授業デザインですので，今回アクティブラーニングの観点からブラッシュアップし新たに「アクティブラーニング・ふきだし法」，略して「AL ふきだし法」と名付けました。

　本書では「AL ふきだし法」によって，どのように新学習指導要領でねらう「**主体的・対話的で深い学び**」を実現していくのか，そして Chapter 1 で

---

*注1　『自己調整学習の成立過程―学習方略と動機づけの役割』伊達崇達著，北大路書房，2009，pp.16-17
*注2　http://www.mext.go.jp/b_menu/shingi/chukyo/chukyo0/index.htm
*注3　『アクティブラーニングと教授パラダイムの転換』2014，東信堂

はその前提である疑問「なぜ授業を転換していかなければならないのか」について述べていきたいと思います。

2 21世紀型教育をめざそう

　21世紀は言うまでもなく2001年からですので，21世紀型教育はすでに進行しているはずですし，ある意味実現されているものでなければなりません。

　けれども，私たち教員は，20年後30年後に活躍する子どもたちを育てるのですから，将来子どもたちが生きる世界を見通したうえで，教育を考えないといけないでしょう。

　米デューク大学の研究者であるキャシー・デビッドソン教授の「2011年度にアメリカの小学校に入学した子どもたちの65%は，大学卒業時（つまり2027年）に今は存在していない職業に就くだろう」といった話はよく引用されますが[*1]，確かに筆者の学生時代には，携帯電話を持っている人は一人もいませんでしたし，ICTという概念はおろかノートパソコンというものは存在しませんでした。

　ではイメージしてみてください。そんな短期間に劇的に変わる社会に子どもを送り出す教育として，あなたが毎日行っている教育活動は，それで十分でしょうか？

　十分でないとすれば，それはどんなところでしょうか？

　一つにはCUN課題（Complex, Unfamiliar and Non-Routine）すなわち複雑で見慣れない非定型的課題の解決力は，革新型社会の数学教育の一つの柱とも言われています[*2]。

　誰にも想像できない世界に対応力をつけなさいといわれても戸惑うばかり

＊注1　『週刊東洋経済3/2』2013，p.41「65%の子どもは今ない職業に就く」及び"Now You See It" Cathy N. Davidson, penguin books 参照

＊注2　『メタ認知の教育学―生きる力を育む創造的数学力―』OECD教育研究革新センター編著，篠原真子他訳，明石書店，2015，p.22

です。ではどうすればいいのでしょう。

　それは，簡単に言ってしまうと「どんな事態が起こっても柔軟に対応できる力を育てる」ということだと言えます。

　そのような転移可能な（portable）汎用的能力を身につけるためには，学習プロセスが「探究型」である必要があります。

　これまでの一方的知識伝達型（Aと聞かれたらBと答えることができるような）の学習成果は，コンピューターの検索で十分おき変えることができるものでしかないでしょう。Aと聞かれたら，Bでもあるし，場合によってはCであるかもしれない。しかしその両方かもしれないし，そのことはDEF…いずれの場合にも適応可能な規則性 a が隠れている…といった本質を見抜いたり，見えていないところに関係性を見出し，創造的に物事を解決していく力は，探究的な学習プロセス，メタ認知的プロセスの中でこそ培われるといわれています。

2 アクティブラーニングの前提

1 「知識基盤社会」の「知識」とは

　21世紀は「知識基盤社会（knowledge-based society）」の時代であると言われて久しいです。

　「知識基盤社会」とは，「新しい知識・情報・技術が政治・経済・文化をはじめ社会のあらゆる領域での活動の基盤として飛躍的に重要性を増す社会」[注1]であると定義しています。そのような社会での知識には国境がなく，その更新と技術革新が絶え間なく生まれる故をもって，どのようなパラダイムの転換にも対応できる，幅広い知識と柔軟な思考力に基づく判断が重要であり，新しい知や価値を創造する能力が一層強く求められることになるというわけです。

　吉見俊哉氏（2011）[注2]や上述の溝上氏らは，この知識基盤が「検索型」であると指摘しています。図書館に眠る文化遺産ではなく，ネット上であっという間に検索され，更新し，陳腐化していく知識です。古い知識は覚えていても意味がないのです。そのめまぐるしく変化する新しい知識の本質をとらえ，転移可能で，汎用な本質を獲得し，新たな知を創造していく力が，21世紀を生きる人々に求められるとき，教育も学習も変わらなくてはなりません。

　溝上氏は次のように述べます。「学習パラダイムは，「教員から学生へ」「知識は教員から伝達されるもの」「プロダクト」を特徴とする伝統的な教授パラダイムからの転換をさすものであり，「学習は学生中心」「学習を生み出すこと」「知識は構成され，創造され，獲得されるもの」「プロセス」「変化」を特徴とするもの」[注3]となります。

　筆者は，このパラダイムの転換は，単に従来からの算数・数学的活動を充

＊注1　「我が国の高等教育の将来像」平成17年1月28日中教審（答申）
＊注2　『大学とは何か』　岩波新書，2011，pp.247-248
＊注3　『アクティブラーニングと教授パラダイムの転換』2014，p.57，東信堂

実させればよいといった安易なものではなく,構成主義的な学習観の再評価と子どもたちが学習をメタ認知しながら遂行することができる「自律的な学習者」をめざす指導法の革新によらなければなし得ない大きな課題であると考えています。

これまでも「自己教育(学習)力」「生きる力」「キー・コンピテンシー」「人間力」等様々なコンセプトの中で「生涯にわたって学び続ける」人間像が希求されてきていますが,「検索型知識基盤社会」の到来は,受動的に教え込まれた知識ではなく,「学ぼうとする」意欲に支えられ,能動的に獲得した「生きてはたらく力」でなければ太刀打ちできないことを示しています。そのことは新しい学習指導要領の改訂の視点として「何を学ぶか」「どのように学ぶか」「何ができるようになるか」という三つに整理されています。

さて,とりわけ「どのように学ぶか」という課題には方法論が必要で,アクティブラーニングというアトラクティブな用語によって表現される指導法総体が脚光を浴びることになったわけです。しかし,アクティブラーニングの具現化は,「発見学習,問題解決学習,体験学習,調査学習,教室内でのグループ・ディスカッション,ディベート,グループ・ワーク等*」の幅広い学習活動を想定している経緯もありますので,本書では,算数科の学習指導においていかにアクティブラーニングを実現していくかという観点に絞ったうえで,一つの有効な手段として「ALふきだし法」を提案したいと思います。

2 内面が「アクティブ」であることの意味

ここで,筆者は,「内面がアクティブでなければアクティブラーニングではない」と「内面性の育成に焦点化されない取り組みはアクティブラーニン

---

*注 文科省,上掲用語集,p.37参照

グではない」と主張します。外面的なアクティブさにのみ目がいくと，戦後John Deweyの教育思潮を受けた教育革新が「這い回る経験主義」「経験あって学びなし」とかと揶揄された苦い経験をも追体験しかねません。

既に四半世紀の実践を経た「ふきだし法」を新たに「ALふきだし法」としてブラッシュアップして世に問おうとしたのには，理由があります。

それは佐々木徹郎氏が我が国の「数学教育学」の父と表現された，平林一榮（2006）の『数学教育学の居場所（niche）—新しい認識論の視点から—』を最近再読し，「ALふきだし法」とアクティブラーニングの理論的支柱を新たに得た気がしたからです。

平林は古典的認識論は，「知識」を客観的な存在と見ていることに不満を感じ，わが国でも「知識」という言葉さえ，主観的行為としての「知ること」とか，「主観に取り入れられた知的内容」と理解されることはあまりないことから，新しい認識論の構築を提唱しています。ここで言う新しい認識論とは，客観的・外在的知識（サヴワール *savoir*（仏））と，それが主観に取り入れられた状態の知識（コネサンス *connaissance*（仏））の区別を重要視し，前者を**外知識**，後者を**内知識**と呼ぶことを提唱しています。

さらに「教師は，すべての子どもの内知識まで，客観的で唯一無二の外知識に統一しようと試み，一旦それが成功すれば，その後の内知識の成長・変化などの運命については，極めて無責任である。」と言い，「外知識の「定着」を目指して，それを生徒の内にコンクリートで固めるような指導法ではなく，内知識の本性に沿って，ちょうど草木を育てるような，本質的にちがった指導法を考えるべきだと言いたい。（下線引用者）」とも述べています。どうでしょうか。筆者は下線部分の表現に感銘を受けました。

アクティブラーニングは「**主体的・対話的で深い学び**」を志向します。では主体的とは，どのように考えればいいのでしょうか？広辞苑によると主体的は「ある活動や思考などをなすとき，その主体となって働きかけるさま。他のものによって導かれるのでなく，自己の純粋な立場において行うさま（下線引用者）」となっています。自己の純粋な立場を，新しい認識論に立て

ば「内知識の本性に沿って」ということになると解釈でき、内面性を見据えたアクティブラーニングを進める勇気が持てる気がします。

3 「フリンジ」とアクティブラーニング

　この考えに至る何年か前に日本数学教育学会で、ふきだし法とメタ認知の報告をしたのですが、埼玉大学の二宮裕之教授とお話する機会を得、その時平林先生の「フリンジ」に関する論文を紹介してもらい、早速「授業とは何か」という論文を送ってもらいました。早速読んで、（論文で、こんな表現はふさわしくないのかもしれませんが、）強い感銘を受け、また自分のやっていること、考えていることを鼓舞された気もしました。

　その論文は

> ①知識、特に数学的知識とは何か。
> ②知識を獲得したとは、子どものどんな状態なのか。
> ③子どもをそのような状態にすることは、如何にして可能なのか。

という3つの問いから始まっています。その文章は、論文でありながら預言書のように現在の数学教育の課題を言いあて、アフォリズム集のように警句に満ちていると感じました。いくつか紹介しましょう。

　「どんな知識でも、程度の差こそあれ、主観性と客観性を共にもっている。両者は、普段は平衡を保っているが、時間的に進展する経験のなかで、時としてその均衡が破れ、新しい均衡をもとめて互いにせめぎ合うのが生命体の常であり、そこから知識の新しい発展も期待されると考えている。<u>恐らくこの立場は、子どもの学習の姿を理解するのにもっとも有効であろう。</u>（下線引用者）」

　この部分は、自らの課題発見、問いの発生にともなう主体的能動的な学習の始まりと、その連続性の根源を言い当てているようです。

　また「もう一つ注目すべきことは、<u>知識は主体のなかで、孤立的には存在</u>

しえないことである。知識は他の多くの知識と、一つの構造をつくっていると考えねばならない。おそらく Piaget のいうシェマ（schema）は、かような知的体系の全体を指すものであろう。私は、シェマとは、主体の現有する知識の全体系であると考える。シェマなくしては、新しい知識は受け入れられないが、たとえ受け入れられても、その知識は、主体によって独自の形に改竄されると考えられる。また、受け入れられる知識も、ただ改竄されるままにあるだけではない、逆に自分を受け入れてくれた既存の全体系を変化させることさえある。」このくだりは、ピアジェの同化と調整という仕組みを主体の立場から解き明かして明晰ですが、同時にそのような心的活動を促す「対話的協働学習」の必然性とその意義を感じるのは深読みしすぎでしょうか。

このパラフレーズの最後では、「注意すべきことは、知識の獲得を、倉庫にものを押し込むことのように類比しないことである。おそらく詰め込み主義は、かようなアナロジーに根ざすものであろう。」と述べています。

そしていよいよ「フリンジ」の登場となります。フリンジは W. ジェームズの「心理学」にも「辺縁」として登場するコンセプトです。ジェームズは意識のながれの理論であり平林のそれと分けて考える論文もありますが*、平林は、「知識を載せる台、ないしは知識の置かれている文脈を、ここでは知識の客観的周辺部あるいは、暈（かさ）と呼びたいが」と断ったうえで英語でフリンジ（fringe）と呼んでいます。

筆者がはたとひざを打ったのは、ジェームズの次の記述を見出したからです。「単なる「直接の知識」という心的状態と、「に関しての知識（傍線原文）」という心的状態との差異は、ほぼこの心的辺縁あるいは上音の存否に還元して間違いない（p.233）」というのです。これは今でいうメタ認知のことだと考えると、ジェームズと平林のフリンジを併せて教育学的に有用な視点を導き出せる気がしています。

---

*注　「心像を取り巻くこの関係のかさの意識を「心的上音」（psychic overtone）または「辺縁」（fringe）と名付けることにする。」『心理学』（上）今田寛訳, 岩波文庫, 1992, p.231

引用が多すぎるとおしかりを受けそうですが，原文を読んだ時の感動を伝えたい意味もあって少々長くなりますが引用します。

「数学的知識の学習では，単に外的知識が獲得されるだけだとは考えないで，その客観的フリンジに対する主観的フリンジも併せて構成されると，私は考えたい。そして，この主観的フリンジが，実は，学習された知識の活性化に，極めて重要な役割を演じており，前述の一見迂遠な近代的教授法は，実に，この主観的フリンジの望ましい構成に役立っていることを指摘したい。

主観的知識は，いわゆる獲得された知識で，良きにせよ悪しきにせよ，主体が自分の手足のように自由に動かし得る知識である。いわば活性をもった知識であり，その活力は，そのおかれているフリンジから与えられている。」

と述べたあとでフリンジは知識に活性を与える作用をもっているとし，その特性を4つにまとめています。

①情緒性
　これは，知識に種々の情感を与える。その知識に好感を与えて，使ってみようという気にさせることもあれば，反対に不快感を感じて遠ざけることもある。

②柔軟性
　その知識と類似した場面，その適用できる場面を敏感にかぎ分け，機械的に知識を適用することはない。これはいわば知識の応用範囲を拡大し，応用の的確性を高めるのに役立つ。

③自己修正力
　学習された知識は，何時までも固定したものではなく，経験とともに時には修正され，改良される。

④多様性
　これは当面する問題状位（ママ）に応じて，多様に自己変革をする可能性に通じている。いわゆる知識の転移（transfer）や，時には創造性も関与している。

　　　　　　　　　　　　　　　　　　　　　　　　　（下線引用者）

いかがでしょうか。①はフリンジが，学習を動機づける可能性を，②は，フリンジが汎用な知への発展推進の可能性を，③はフリンジが，自己調整能力に関与している可能性を，④は，フリンジが転移や創造的思考に関与している可能性を示唆していて，まさしく，今私たちが，アクティブラーニングを通して子どもたちに身につけさせたい資質の多くに関連していることに改めて驚かされた次第です。

　筆者は，●ふきだしが，子どもの主観的フリンジ，もしくは内知識の「のぞき窓」(モニタリングウインドウ) の機能を持ちうると考えています。

　「ALふきだし法」は単なる一つの愚直な手法ではあります。そこでは，直線的に外知識に向かわず，主観性の中で旋回し，迂回し，四苦八苦して，あるいはフリンジを楽しんで問題と対話する姿が見受けられます。

　「時間がかかる」「数学的でない」「ノイズが多い」「早く，簡単，正確，どんな時でもという㊗㊗㊗どんの世界へ早く連れていかねば」のような直載的，客観的・外在的知識のみを対象としようとする教師の姿をよく見かけますが，アクティブラーニングでは，時間はかかっても，「新しい認識論」に立った，本物の学習が成立するようなパラダイム転換が必要と感じています。

4 構成的アプローチについて

　このように考えてきますと，平林の新しい認識論による具体的な授業過程としての展開はこれからの私たちに残された宿題とも言えますが，構成的アプローチ (中原, 1995) という授業過程論は，新しい認識論に立脚しても有用なアプローチの方法として再評価されるべきであると考えます。同時に〈少なく教え，多くを学ばせる〉「ALふきだし法」の原理的支柱として今後検討を加えていきたいと思っています。

　構成的アプローチは，次の5つの原理に基づいています。

CA1：子どもは数学的知識を，根源的には，子ども自身による心的構

> 成によって獲得する（構成の原理）
> CA2：子どもは数学的知識を，基本的には，意識化，操作化，媒介化，反省化，協定化の過程を通して構成し，獲得する（授業過程の原理）
> CA3：子どもによる数学的知識の構成過程においては，対象への働きかけすなわち操作的活動とその反省的思考（reflective thinking）が中心的な働きをする（反省的思考の原理）
> CA4：子どもは数学的知識を，教師とのあるいは子どもどうしの構成的相互作用を通して構成し，批判し，修正し，そして生存可能な（viable）知識として，それを協定する（構成的相互作用の原理）
> CA5：子どもによる数学的知識の構成過程においては，5つの表現形式すなわち，現実的表現，操作的表現，図的表現，言語的表現，記号的表現が重要な働きをする（表現形式の原理）
>
> 中原（1995）

　中原は，CA1の原理を，グラーサーズフェルト（1990）の急進的構成主義の次の原理より導いたと書いています。

「知識は，感覚を通してまた伝達によって，受動的に受け取られるものではない。知識は認識主体によって，能動的につくりあげられるものである」

　ここで言う知識を平林の言う内知識と置き換えれば筆者的には非常にすとんと落ちるところがあります。

　今筆者が今後の研究として取り組みたいと考えていますのは，平林の言う未開拓の領域「授業を内知識の生態的変容として分析する」という課題です。ソシュールのラングとパロールの比喩で言えば，パロールに相当する内知識の研究が，アクティブラーニングを進めようとする潮流の中でこそ必要と考えています。

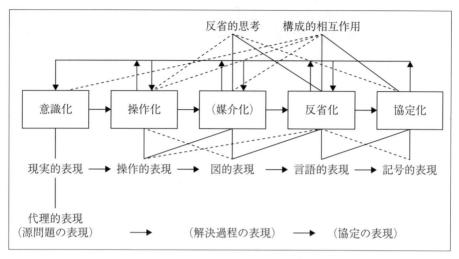

構成的アプローチにおける授業過程の構成モデル
中原忠男「算数・数学教育における構成的アプローチの研究」1995, p.370

中原による授業過程の構成モデルは上のようなもので、筆者は、このような構成的相互作用も、ふきだしの内省的記述を活用することで、内的な知識の構成とその外的な協定化までを、部分的にせよ可視化することで反省的思

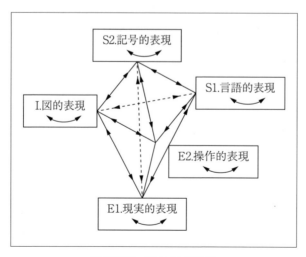

数学教育における表現体系
中原（1995）上掲書 p.202

考を一層促す効果があるのではないかと考えています。
　前頁の表現体系の図も大変有名なものですが，これらの表現は，内知識や内的な活動に支えられたものであるため，そのウインドウを意識した図式におきかえると次のようなものになるかもしれません。

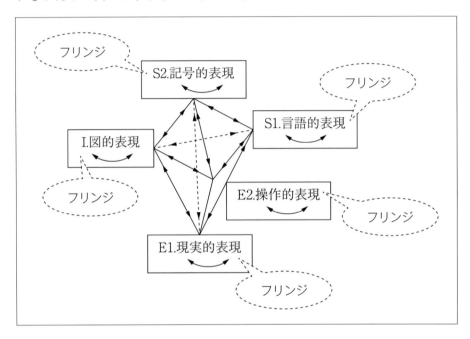

おすすめの1冊

　脳科学者の茂木健一郎氏の『「脳」整理法』(ちくま新書，2005) を再読しました。この書物は算数科から見ても大変啓示的でおすすめの1冊です。
　例えば「創造性は他者とのコミュニケーションする能力と大いに関係している」(p.83) というフレーズ。筆者は，主体的に表現し友達とコミュニケートする対話的実践の中でシナジー的にあるいは創発的に算数を創り出す活動が生まれていくと読みました。
　茂木氏はさらに**「体験の中の偶有的関係性に学び，他者と生き生きとコミュニケーションをする人間の能力は現在のどんなすぐれたコンピュータをもはるかに凌駕します。」**(p.87) という表現も，検索型知識基盤社会の中で，人間の能力の可能性と，21世紀型教育の方向性を暗示しているかのようです。
　また，**「学習とは，教室の中で答えの決まったドリルをやることだけではありません。」**(p.116)**「学習の機会は，日常生活の思わぬ局面で訪れます。」**(p.117) と続けています。
　どうでしょうか？　新学習指導要領の志向する「何ができるようになるか」「学びを人生や社会にどう生かそうとするか」の視点をすでに予言していたかのようです。
　茂木氏のいう**セレンディピティ**（serendipity「偶然の幸福発見能力」）などを参照すると，学力低下問題等で，頭が凝り固まってしまいそうな時に，鮮やかに本来的な算数の楽しみ方，学び方，教え方を示してくれているように思いました。
　アクティブな「体験」を大切に，子どもたちと教師ともども，アクティブに「行動し」「気付き」「受容する」中に，真の意味で算数を感じ，活用できる力を身につけていくことができ，そこから最も大切な算数・数学を創り出す力が生まれると改めて強く思いなおしました。

Chapter **2**

能動的で自律的な学習者育成法

「能動的」学習者と「自律的」学習者をキーワードとしてアクティブな学習の在り方について考察するとともに，自己調整学習について概説する。

1 「能動的」学習者の育成法

1 活動と荀子

　数学的活動のうち外的な活動の重要性は，Nuffield Mathematics Project でも引用された警句とともによく説かれることがあります。
　I hear, and I forget. I see, and I remember. I do, and I understand.
　その出典は Ancient Chinese Proverb とあるだけで，source unknown と出てきたりして筆者も確認できていませんでした（I hear I forget. I see I remember. I do I understand. という表現もあります）。調べた別の本には，孔子（Confucius 551 – 479B.C.）という記述もありましたが，本当の出処がずっと気になっていました。やっとこれだろうと思われる漢文をあの大儒，荀子（儒教篇）に偶然見つけました。「聞かざるは之を聞くに若かず。之を聞くは之を見るに若かず。之を見るは之を知るに若かず。之を知るは之を行うに若かず。」また，荀子には「学は之を行うに至って止まる」（学問は，結局これを実行するところに至って，至善の最高の域に達したと言うべきだ）という箴言もあります。きっとこれらがもとになってまわりまわって上記の英文になったのではないかと勝手に推測しています。いずれにせよ「行う」ことの意義の深さは古来より，今も変わりません。
　筆者は，I hear, and I forget. I see, and I remember. I do, and I understand. の中の特に I do, and I understand. の意味の解釈に重きを置くべきと思っています。
　問題なのは，アクティブラーニングの重要性を説く人が，よく引き出してくるのがこのような感じのラーニングピラミッドです。学習平均定着率となっている図版もあります。

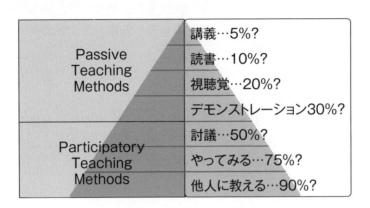

　これは溝上慎一氏が言うように*やや眉つば的な香りがします。
　このピラミッドの学術的な定着率のパーセンテージの信憑性は実のところ不明ですが，上図の下三つの活動が学習方法として，どうも「効果を上げ」そうなのを教師たちは経験的には了解しています。ただ「何に対して効果を上げる」のかが重要です。言い換えるとここで想定されている「知識」の質が問題で，従来型の学習で獲得できるような「生きて働かない知識」がどんなに定着しても仕方がないのです。「従来型の知識」の定着率が上がることが論点なのではなく，溝上（2014）が提唱する情報・知識リテラシーやキーコンピテンシーに関わるような生きて働く「知識」を身につけさせる方法として効果があるかどうかが論点なのです。
　アクティブラーニングは，未来をつくる担い手を見つめ，「何ができるようになるか」という視点から厳しく問われ，学びの成果をあげる学習方法でなければなりません。
　そのためには，子どもの内知識と外知識を結びつけた「do」による深い「understanding」が実現するラーニング構想が求められています。学力は関

＊注　前掲書『アクティブラーニングと教授学習パラダイムの転換』2014，参照

係性だという意見があります。内知識同士が，また外知識と有機的に関係付けられ，それがそれぞれどうネットワークを張り巡らせて，現実社会で機能できるのかということのみが最重要であって，知識の量や定着率は，問題にはならない世の中が21世紀です。

　その意味では，上に引用した荀子の「学問は，結局これを実行するところに至って，至善の最高の域に達したと言うべきだ」という至言は，時代を超えて，否むしろ21世紀に生きる私たちがこころしておかなければならない箴言と言えるでしょう。

「学習指導における聴視覚的方法」を読む

　ラーニングピラミッドの出処と言われる文献を図書館で見つけました。エドガー・デール著『学習指導における聴視覚的方法』（有光成徳訳，昭和25年，政経タイムズ出版社）です。p.57にいわゆる「経験の三角錐」が登場します。これが回りまわって上記の学習定着率にかわっていったのではないかという論文もあります。「経験の三角錐」のくだりを読みますと，デールは学習方法の優位性の序列ではなく，相互に交流し合う経験の中に，聴視覚教材の占める位置を図示したものにすぎないと言っていまして，したがって比率の明示も根拠資料も存在せず，デール自ら「絶対的な，法則的な，原理的なものでないことは明らか」と言っています。三角

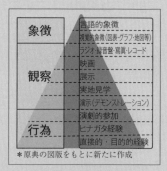

錐のインパクトが強かったのでいろいろに援用されそのうちに形を変えていったのかもしれません。「三角錐上の各階程は相互に交錯し，交流し合っている。」と述べ，一元的な経験主義ではなく，経験の質を問題にするのが趣旨のようです。発見の喜びや，直接的な感覚経験を重視した豊かな経験の価値を示す中で「豊かな経験は永く記憶にとどまる」という文章がありました。このフレーズから「経験三角錐」だったものが「学習定着率ピラミッド」に姿を変えていったのかもしれませんが，それにしてもこの古典を改めて読み直してみると「豊かな経験」は，素敵な指摘で，「新鮮であり，創造性に富み，冒険的な性質に恵まれ（中略）既得の新しい経験を結合し，ひらめく洞察の力を借りて創造された，まったく新しい総合である（p.35）」というような記述は，アクティブラーニングの視点からもなるほどと再認識させられたのでした。

　尚，少し余談ながら，水越敏行『授業改造の視点と方法』（明治図書,1979）にデールの円錐に関する記述がありますので，調べてみました。そこでは意志のキャッチボール，コミュニケーションは，円錐に表された経験をギアチェンジのようにレベルを上下させることで，十全なものになるというまた別な観点で記述されていました。やはり，原点にあたることの意味を改めて感じさせられました。

2 活動とデューイ

❶ なすことによって学ぶ

「learning by doing」で有名なデューイ（Dewey, J）の occupation（仕事）は，心が奪われるほど集中している活動（専心的活動）であることを意味しています。算数科でも子どもたちが「没入」するような活動を仕組みたいものです。デューイはさらに子どもたちが協同して活動を体験できるということの意味も重視していますが，人間関係形成能力という観点からもこの視点は大事にしたいところです。

デューイのいう経験主義は，実際にやってみることに反省的思考（reflective thinking）を積み重ねることで経験から学び，目的を実現できる能力が育っていくことに特色がありました。デューイにとっては「知性的である」ということは，「行動できる」ということです。さらにいえば，社会に対して行動化されない活動は意味がないということになります。活動の意味を「外に向かう活動」，別な表現でいいますと生活（子どもたちの学校での学習場面を含む生活）への「活用」という文脈の中で「算数の行動化」について考えてみます。

❷ 算数の行動化

行動化というキーワードでは，すぐ頭に浮かぶのが UNESCO の「トビリシ勧告」(1977) です。少々歴史的とも言えるこの勧告は「環境教育」の国際的な枠組みの提唱で有名ですが，そこに盛り込まれた Awareness → Knowledge → Attitudes → Skills → Participation の五段階は，今なお教育全般にとっての普遍的な原理を示していると筆者は考えています。

算数科でも Knowledge, Attitudes, Skills, は習得すべき基礎・基本と解釈できますが，「Awareness」に始まって「Participation」に行き着くところが重要な視点と考えます。まず「気付く」ことから始まる，即ち身の回り

を見渡し，「気付く」ことで様々な主体的な学習行動が誘発され，やがて社会生活のなかで問題解決できる力を身に付けていく…この学びの姿が，非常に啓示的であると思います。

Awarenessには「気付き」と「(課題)意識・認識」のどちらの意味も含まれているので，課題意識があることによって「気付く」とも言えますし，「気付く」ことによって課題意識が生まれる側面もあるでしょう。めざすべき社会参加と行動化にとって，大切なのは「感受性」「感性」といったセンスのレベルであることは，環境教育でも算数科でも同様で，アクティブラーニングで大切にしたいポイントなのです。

さて，従来の算数・数学的活動の中身は内的なものと外的なものがあると言われるのは周知のとおりです。

外的な活動と内的な活動はどちらも大切ですが，この両者が互いに結び付いていること，そしてそれが意識される（メタ認知）が大切です。内的な活動が意識（可視化）されて，外的な活動へと発展する。また，外的な活動を契機に考えが深まるという相互関係ですが，それを媒介し，橋渡しとなるのが言語活動です。

しかしながら外的な活動にのみ力点がかかってしまうと，書くことが飛んでしまい，ただ活動だけで時間が終わってしまったり，思い起こそうとしてもなにも記録されていないというようなこともありがちです。

「活動あって学びなし」にならないためには，外的な活動中は，写真を撮ってポートフォリオ的な記録をとることもお勧めですが，なによりその時思った事，つぶやきを簡単にでも，言ってみればLINEやツイッターのように言語によって書き留める（可視化する）ことが大切なのです。

2 「自律」的学習者育成法

1 「自分の学習を見つめる目」と「メタ認知」

　「メタ認知」とは「認知」の「認知」のことで，認知より高次な精神機能のことで，その定義としては「自分自身の認知過程をモニターするコントロールメカニズムとそれを支える知識」などがあり，少々難解な印象を与えますが，私たちの生活の中でも実は身近な思考の営みなのです。

　メタ認知の根源を遡れば，「汝自身を知れ」と説いたソクラテスの「無知の知」を嚆矢に挙げることができるとする認知心理学者もいます。ソクラテスの産婆術は，自己を見つめる目，即ち「メタ認知」の重要性をいち早く指摘し，愚者が賢者になるためのメタ認知的支援を施していたとも言えるかもしれません。はたまた有名なデカルト「方法序説」の「Cogito ergo sum（われ思うゆえにわれあり）」という方法的懐疑も，デューイの省察的思考（reflective thinking）もまたメタ認知の働きになしに語り得ませんし，世阿弥の「離見の見」もメタ認知の観点から理解すると興味深いです。

　卑近な例では，「KY」と言うようないわゆる"空気を読めない？人たち"もメタ認知の不足から生じるコミュニケーションギャップに起因する事例とも言えるかもしれません。更には，日米通算4257本安打で大リーグ記録を塗り替えたイチロー選手と他の選手との違いを「メタ認知」に求める認知心理学者もいます。

　「…違いはメタ認知にあるのではないかと考えている。メタ認知，いいかえると自分自身を見つめる自分がいるからこそ，イチロー選手は，たえずそのもう一人の自分が自分のプレーを観察して，修正を加えている。すなわち，プレーするイチロー選手を，監視しているもう一人のイチロー選手が，常に進化した優れたプレーができるように修正を加えているからこそ，たえず進化したプレーぶりを可能にしているのであろう（岡本雅彦「熟達化とメタ認知」)*。

また，スポーツ選手たちは，自分のプレーをビデオで見ることによって改善を加えていきますが，自分の問題解決過程をリアルタイムでモニタリングすることや，1時間，単元，学期，年間のそれぞれのスパンの学習を子どもたち自身が振り返ることは，自分自身の「学びを見つめる目」「メタ認知」を育てる活動として極めて重要と言えます。

　教育心理学研究において「自ら学び自ら考える力」を実証的に解明する動きの中で，「自己調整学習」が注目されていて，その中で「メタ認知」は大変重要な概念であり，またその意味で学習における行為主体性に着目すると，「メタ認知」を育成する学習指導が強く要請されていることが見えてきます。

　では，そのような「メタ認知」を教えることはできるでしょうか？　この問いは難問ですが，教えるのではなく，「自己内対話を活性化し，教師や友達がその活動について価値づけることによって」育成することができると確信しています。

　例えば，ポリアの4段階モデルを教えることはCUN（Complex, Unfamiliar and Non-Routine 複雑で見慣れない非定型的）課題では機能しないことがわかってきています。この4段階を教えるのではなく，次頁の図に示しました「ふきだし」のような自己内対話の表現（メタ認知）を価値づけていくことによって，メタ認知は育成されていくと実践的に実感しています。「ALふきだし法」では，「メタ認知」が見える可能性があります。「これがメタ認知だよ」ではなく，「いいこと思い浮かんだね！」と評価言を与えることで，問題解決に必要なメタ認知を少しずつ獲得させていくことができると考えています。

＊注　『〔内なる目〕としてのメタ認知』至文堂，2008，所収

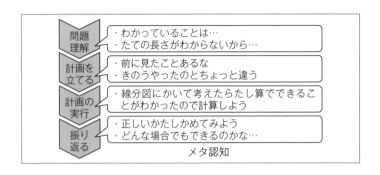

2 自己調整学習

　学力が低下したとかいう話になりますと，これまでは台形の面積の公式が再登場とか円周率が3.14まできちんととか，世間の関心はどうしても「内容」の方に行きがちで，「方法」の方は若干軽視される傾向にあったと言えます。しかし，今回の新学習指導要領のコンセプトでは，「何を学ぶか」と対等に「どのように学ぶか」を位置づけている点が注目に値します。

　自己調整学習（Self-rerulated learning 自己制御学習とも訳されることもある）は，バリー・J・ジマーマンらによって提唱された学習理論です。自己調整学習とは「学習者が，メタ認知，動機づけ，行動において，自分自身の学習過程に能動的に関与していること」で，「思考や感情，行動を自ら引き起こし，知識やスキルの学習がうまく進むよう，これらを組織的，計画的に機能させていくことをさしている。」(Zimmerman, 1989*)と定義されているが，このことはいかに「学習者が自律的な学習を進めることができるかの理論」であるとも言えます。

　自己調整学習理論は，これまで研究されてきたオペラント理論や社会認知理論，現象学，ヴィゴツキー理論，構成主義理論など様々な理論を再検証しながら構築を続ける成長過程の理論とも言えるでしょう。

*注　シャンク，ジマーマン編著，塚野洲一編訳『自己調整学習の実践』（北大路書房，2007）及び伊藤崇達著『自己調整学習の成立過程』（北大路書房，2009）による。

「自己調整学習」に注目して考えていきますと，学ぶ「方法」，もっと言えば「能動的，自律的学習者」になる「方法」について，教科の枠組を越え，学校をあげて取り組まないといけないことが見えてきます。そしてそのことは，決して「内容」と独立してあるのではなく，「内容」を学ぶ中で「望ましい学習者になるなり方」を体得していくものでなければなりません。たくさんの「内容」を教え込むことだけに意を払う指導によってはそのような学習者は育たないと思われます。「自分の学習を見つめる目」＝メタ認知を育てることによってのみ「学び方を学ぶ」ことが可能となります。

　しかし，そうはいっても，簡単にメタ認知や学び方が育つわけではなく，そのためには，教師の普段の改善努力と，一層の細やかな視点が必要であるとともに，一朝一夕に実現する悲願ではなく，長いスパンで，粘り強く，継続して取り組んでいく必要があります。

　算数指導実践者にとって，それは煎じつめれば「何をすればいいか」という分かりやすい話に置き換えることと心得ています。素晴らしい理論も，実践的に煩雑であったり，分析に多くの時間が必要であれば，明日からすぐ使える方法としては実際的ではありません。ここでは「ふきだし法」の立場から，どのような点に留意すれば子どもたちが「自律的能動的」な学習者に育っていくと考えるのかを提案したいと思います。

　実は「ふきだし法」のシステムを自己調整学習という〈３Ｄメガネ〉をかけてみると「ふきだし法」の意味が浮かび上がって見えてくるのです。

　３つのＤとは，

Ｄ１．**ど**う考えているのか◎
　　（進行モニタリング（ongoing monitoring））
Ｄ２．**ど**うだったのか★
　　（自己反省（reflection））
Ｄ３．**だ**れとともに何を考えるか◆
　　（社会的行動）

❶ アクティブふきだしノートを活用する（Chapter 3　2－1参照）

◎思考過程を記述し，友だちの意見をメモする。
★授業時間ごとの振り返りを記述するとともに単元の終わりや学期ごとにも振り返りを記述するポートフォリオ的ノートをつくる。
◆ノートに書かれた記述から学び合う。

❷ アクティブ板書を工夫する（Chapter 3　2－2参照）

◎「見通し」，思考の過程を重視した板書を大切にする。
　★「見通し」を授業の終わりに振り返る。
◎★ノートのモデルとなる板書を心がける。
　◆ネームプレートを活用し誰の意見かを明示する。

❸ アクティブ対話と支援（Chapter 3　2－3参照）

◎カウンセリングマインドに満ちた机間指導を重視し，子どもの思考活動の様子を的確につかむ。
◆話し合い活動の重視。Peer learning，少人数グループなどの対話も大切にする。
◎◆発表ボードやOHCなどを活用したノートによる交流を促進する。

〔◎，★，◆は，それぞれD1，D2，D3の観点〕

無限後退の脱出路

　ホムンクルス（Homunculus）はスイスの錬金術師パラケルススがフラスコの中でつくったといわれる小人のことです。ゲーテの「ファウスト」にも登場しますが、近年また脳科学者茂木健一郎氏によって「メタ認知的ホムンクルス」として脚光を浴びています。

　メタ認知の難題は、自分を見つめる目（脳内ホムンクルス）を想定するとそれをまた見つめる目の存在を仮定せざるを得なくなり（メタメタ認知）、無限後退の矛盾（メタメタメタメタ…）に陥らざるを得ないことを「ホムンクルスの誤謬」と言っています。「ホムンクルスの誤謬が生じる理由は、認識の主体と客体の関係が、無限に後退して続いていってしまうことにある*。」ということです。そこで茂木は、左図（メタ認知から客体が外挿され、認知のモデルが立ち上がる様子）のような「自己の内なる関係性を、外にあるかのように認識するメタ認知のプロセス」＝メタ認知的ホムンクルスを仮定することによってその誤謬を回避しようとしています。

　脳内の階層性の回避は結構深いので、筆者も一時はまったことがあります。哲学的考察にも興味がおありの読者諸氏は巻末の小論をお読みください。

　（尚、平林一榮は著書「数学教育の活動主義的展開」の中で「行動する自己（acting ego）とそれを監視する自己（monitoring ego）』とに分離し、特に後者が健全に育たないと、子ども

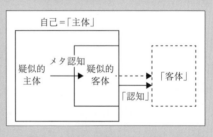

メタ認知から客体が外挿され、認知のモデルが立ち上がる様子

茂木（2004）p.193より

は数学が学べないと考えている。しかも後者は、数学を教えてくれた先生の内的写しであり、いわば「『内なる教師（inner teacher）』とも言えるものだと考えられる。」と書いています。平林の言うインナーティチャーは「ホムンクルス」と言えるでしょう。ささやきかけてくれるもう一人の「カシコイ小さな自分自身」を育てることが、「メタ認知形成支援」の意味なのです。

＊注　『脳内現象〈私〉はいかに創られるか』2004, NHKブックス, p.52

3 自尊感情を高める「ALふきだし法」

　一方，自己評価と自尊感情（Self-esteem）との関係性は，「多くの自己評価的経験の積み重ねを通して形成された自己評価的な感情複合体が，自尊感情である」とされ，学業達成に媒介的に作用し，学業成績との関係の研究では，正の関係が認められています。*

　蘭ら（1992）は，「自己概念・自尊感情を高める教育指導についての基本的考え方」と「教師の基本姿勢」について7点挙げていますが，そのうち

> ①教師は，学習課題の成功によって<u>子ども達自身に能力のあることを気づかせ</u>，かれらの経験を肯定的に解釈させるようにしてやること。
> ②教師はこれらのプロセスを通して子ども達に<u>学業達成への自信を持たせ</u>，<u>自分自身</u>を肯定的に受容させること。
> ③子ども達の学業成績にかかわらず，かれらの<u>現実のあり方を認め，受け入れ　信頼する</u>こと。
>
> 　　　　　　　　　　　　　　　　　　　　　　　（下線引用者）

の3点の知見は，「ALふきだし法」の実践的な方法論と一致しています。

　①に関して，「ALふきだし法」は，解決に至らないで途中で止まってしまっている思考であっても，そこまでの解決に向けた営みに，教師と子どもが積極的に関わり，肯定的に評価を加えていくことで，全ての子どもに，成功体験を与える支援を可能にしています。

　これまでの算数科で多く見られる「式と答え」だけをノートに書かせる指導法では，記述が何もないと，「なにも考えられていない」もしくは「まったく問題解決に関する糸口が見いだせない」と理解されがちでした。そのような教師評価や他者評価が継続的に自己評価に取り入れられると，「自分は

---

*注　遠藤辰雄・井上祥治・蘭千壽編『「セルフエスティーム」の心理学―自己価値の探求―』ナカニシヤ出版，1992

算数ができない」「算数は苦手」といった否定的な自己概念を形成させ，自尊感情を育てる指導にはなりません。

　しかし，「何を書いてもいい」という受容的な環境の中で，自己の思考を開示させ，その記述内容に教師と友達が肯定的にかかわっていくことによって「自分が考えたことはすべて意味がある」という自己受容的感情を育み，行動を変容させていくと考えられます。

　上記知見の「子ども達自身に能力のあることを気づかせ，かれらの経験を肯定的に解釈させる」観点から「ALふきだし法」は有効と考えています[*1]。

　②に関しては，「達成への自信」というキーワードに着目します。

　思考の過程が記述可能になれば，思考の過程にかかわれる可能性が増大します。問題解決に関して，ゴールに到達しなければ，それまでの努力は報いられないことが多いです。問題解決に関して，どの段階まで思考が進んでいるのか，思考の進捗状況の把握が可能になれば，解決に向けた支援がより最適化される可能性が高まります。そのことによって，ゴールへの達成感を味わうことができるし，思考の途中に教師や友達が関わることで仮にゴールに到達しなくても，「ここまでの考えはあっていた」という自分自身の思考に対しての肯定的なメタ認知が形成されていきます。そのような営みの中で，自己受容が生まれ「やればできる」という自己効力感を高めていくことができると考えています。

　これまでの「式と答え」だけの記述法では，考えているにも関わらず，評価され得ないために，挫折感や無力感を味わわせ，その結果，低い自己評価を形成させてきたとも言えます。「ふきだし」，すなわち子どもの意識上に現れた，文章や記号，図，絵などの数学的記述表現のすべてを，積極的・肯定的に評価していくことで，自己概念・自尊感情を高めていくと考えています[*2]。

---

*注1　実践例については，亀岡正睦「算数科教育における〈ふきだし法〉の理論と展開」大阪教育大学数学教育研究，1990，第20号，参照

*注2　実践例については，「亀岡正睦「ふきだし法」で問題解決力を育てよう（第1回　世界に1冊しかない宝物，第2回〈ふきだし〉と評価活動，第3回「ふきだし法」で学級づくり）」『算数教育』明治図書所収，1996,10,11,12参照

③に関して,「ALふきだし法」は, ロジャーズ（Rogers C.R）のいう, 教師と学級集団との〈一致〉〈無条件の肯定的配慮〉〈共感的理解〉といった親和的な関係を重視しています。

　カウンセリング的な教師と集団と個との関わりは, 自己開示（Self-disclosure）を促します。自己開示とは,「自分に関する情報をありのまま他者に伝える行為」のことですが,「ALふきだし法」では, 上述の思考過程の途上で現れる, 文章, 記号, 図や絵といった認知のみならず,「むずかしい」「わからない」といった情意さえ, 子ども一人一人の内面の理解と受容の重要な要素と考えています。

　そのような, 個の行為の全ての肯定的な受容が, 信頼関係と自尊感情の育成を促すと考えられます。現実のあり方を認め, 受け入れ 信頼することが, 実践的に非常に重要であり, そのことを可能ならしめるためには「教師の一致」にも着目する必要があります。

　「教師の一致」とは, 教師の理想自己と現実自己が〈一致〉（Congruent）していること（ありのままの自分をありのままに受け入れる姿, 背伸びや自己欺瞞のない姿）であり, 教師の自己概念が真実さ（Realness）, 純粋さ（Genuineness）で統合されたものであると言われています。例えば「ふきだし」に表れてきた「たし算かな？」といった素朴な表現を教師が「価値がない」「どうして次の段階の見通しがたてられないのか」と認知するとき, 評価の言葉がたとえ「頑張ってね」であっても〈一致〉はないと言うことです。ロジャーズのいう「かれらの現実のあり方を認め, 受け入れ 信頼する」ことは, 教師に自己のありのまま（What he actually is）であることを求め, その自己が子どもの現実の在り方と一致するものでなければ, カウンセリング的なかかわりはできないと考えています。

　「ALふきだし法」は, その意味で一朝一夕に効果が現れる指導法ではなく, 子どもたちとの親和的な関係性（ラポール）の中で, お互いの内的準拠枠を再体制化し, 少しずつ自尊感情を育て, 算数科に関する自己評価を肯定的なものに変えていく指導法であるといえます。

「ALふきだし法」の実践によって，自己に対する否定的なメタ認知を持つ子が，自己概念を組み替え，意欲を持ち，問題解決にあたろうとし出すのは，上記の自尊感情の育成の要因が深く関連していると考えています。

Column ムズカシイってなに？

写真の「むずかしそう」というこの感覚は一体なんでしょうか？

　ムズカシイと感じていることを，他人は推しはかることができるのでしょうか？　茂木健一郎氏の『意識とはなにか〈私〉を生成する脳』2003，ちくま新書を読むと，深く考えさせられます。私たちが心の中で感じるさまざまな質感のことを「クオリア」と呼びますが，「むずかしい問題」も「やさしい問題」もそういった質感の一つと考えられます。おいしいもそうですが，ある人がいう「むずかしい」ともう一人の子どもがいう「むずかしい」は同じでないでしょうし，「むずかしい」は，対話によっていつでも「やさしい」にかわる可能性もその逆もあります。対話とは鏡の役割を果たします。他者との対話や自己内対話によって自分が「むずかしい」と感じていることは実は「むずかしく」なかったのかもしれないし，「やさしい」と感じていたことは実は恐ろしく「むずかしい」問題であったことなど日常生活でもよくあります。そんなわけで，子どもが「むずかしい」と書いたその「ふきだし」一つにあなたが何を読みとるのかは実に深淵な話なのです。

　茂木氏は，「クオリアが生み出されるプロセスそのものが，メタ認知である」と言っています。つまり「むずかしい」と書く子はメタ認知が記述できている，自分の思考を見つめるもう一人の自分がモニタリングし始めているということで，だからどうすればいいのか（コントロール）の一歩手前であるととらえています。

筆者はまた，一方でジェームズランゲ説（例えば「泣くから悲しい」とか「逃げるから怖い」）流に考えると，「考えてるからむつかしい」ということなのかなと考えたりしています。つまり，「むずかしい」と書く子はすごく考えている状態が自覚されて，そのクオリアの知覚経験として「むずかしい」という情動反応が生じているといえなくもないと。つまり，「そうか…よく考えているんだね。「むずかしい」って感じている子ほどよく考えているんだよ。」ってほめてあげることができるのではないかと。

　（ちなみに心理学でFOW「答えがもう少しでわかりそう（feeling of knowing）」という予感がありますが，意外なことにFOWが強い場合には，誤った解答を導きやすいそうです。記憶検索の場合のFOK「わかってる感じ（feeling of knowing）」は問題解決の指標にはなるけれども，洞察的問題解決の場合は，突然正解に結びつくのではないかという，メタ認知的モニタリングの過程の相違が指摘されています。…ふきだしに現れるメタ認知もそう考えていくと奥深いですね。）

Chapter 3

「ALふきだし法」による
アクティブラーニングの
授業デザイン

　内省的記述表現活動を促す「ふきだし法」はアクティブラーニングの授業デザインとして最適である。本章では「ふきだし法」の概要をレビューしつつ，アクティブな①ノート法，②板書法，③対話的実践法について考察するとともに新たな「ALふきだし法」を提案する。

1 「ふきだし法」と「ALふきだし法」

「ふきだし法」（Baloon method）は，亀岡（1990）により開発された内省的記述表現を促す算数科の指導法です。

『言語力・表現力を育てる「ふきだし法」の実践』（2009，明治図書）では「①ノート指導，②板書のし方，③指導と評価の一体化，④教材分析，⑤学級経営法 の5つの観点からトータルに子どもを育てる「**指導システム**」を意味する」としています。

したがって，どのようなメソッドかと問われれば，

「ふきだし法」は，単に🗨をツールとして活用する指導法ではなく，<u>子どもの学びの過程を可視化し，メタ認知を育てる学習者検証型の授業改善システム</u>として構想されたものであって，🗨というツールを指導⇔学習過程の全ての場面で便益が得られるように構想された指導法です。

ただ，**アクティブラーニング**の文脈からは，その指導⇔学習過程総体を促進する機能を有することから，ここでは**アクティブラーニング授業デザイン**「**ALふきだし法**」という表現でその有機的機能を示しています。

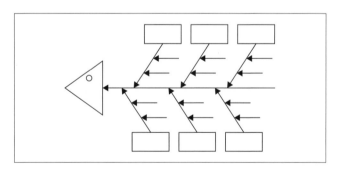

フィッシュボーン図

したがって，よく「シンキングツール」として「フイッシュボーン（魚骨）図」を活用するとか，「イメージマップ」を活用するとかいった実践を目にしますが，上記したように「ふきだし法」はそのように，🗨を単一な一

つのツールとして位置づけることを意味していません。

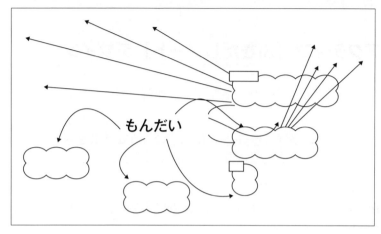

イメージマップの例

　単に●をある指導場面において部分的に活用したものは「ALふきだし法」の実践とは言えません。すこしこんがらがった表現になるかもしれませんが，「ふきだし法」は，●というシンキングツールを，①ノート指導や，②板書法，そして③対話的実践　において「ふきだし法」のインストラクショナルデザインに基づき活用し，トータルに改善を進める指導システムなのです*。

＊注　instructional design
　　教授⇔学習システムの中では，学習者の意思や自由度を尊重しつつ効果的な学習がなされることを意図して，授業設計を行うこととされる。「何を教えたか」が問題ではなく「何を学び取ったか」に意味を見出す学習者検証型のデザインの文脈で使用している。

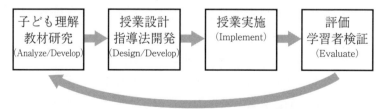

本章では,「ALふきだし法」というインストラクショナルデザインの骨格をお話します。

1 アクティブ「ふきだしノート」デザイン

通常ノート以外にもう一冊,各学年で問題解決型の算数用アクティブノートをつくります。

アクティブ「ふきだしノート」とは以下のような特徴をもったノートです。

①思考過程を記述させる
②子どもから「めあて」を引き出す,問いの発生,子どもの課題意識を重視する
③基本的に1時間あたり見開き2ページをゆったり使う
④習熟よりも考えることとコンピテンシー育成を重視する
⑤「めあて」に対応した「まとめ」と「振り返り」を子ども自ら書くよう促す
⑥授業の振り返りの時間を保証し,メタ認知の育成と次時への課題発見と考えの発展深化を促す

❶ 第1段階のノートデザイン

ポイント
① 「思考の作業台」としてのスペースを十分に確保する。
② 思い浮かんだ事を自由にかくことが大切であるという価値づけを行う。
③ 友達の意見をメモできるスペースも確保する。
④ 授業の振り返りを行うスペースを確保する。
⑤ 基本は1授業時間あたり見開き2ページとなるが,学年や児童の実態によって弾力的に考え,子ども自らが工夫していく余地を残した指導

が大切。

⑥ 「めあて」欄はあるが、はじめに書き入れるのではなく、授業の進行に伴ってあとで協約時に書き入れる。

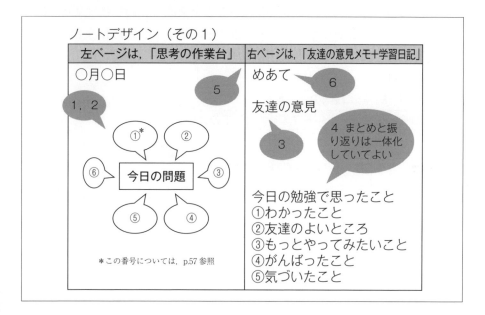

❷ 第2段階のノートデザイン

ポイント

① 子どもの成長に合わせて、進化させていくノート作りがポイントとなる。

② メタ認知は、自分や友達の思考過程（進行モニタリング*）をもとに授業を振り返らせる（反映モニタリング）過程の中で育っていくことをふまえる。

＊注　岡本真彦氏はリアルタイムのモニタリングを「進行モニタリング」、後で反省的に振り返るモニタリングを「反映モニタリング」としていますが、「ふきだし」で自分の思考過程を「可視化」できることには、そのような2つのモニタリングの意味があると考えています。

③ そのためには，自分や友達の思考過程を簡潔にメモしながら学習日記や学習感想の段階で矢印などを活用して線などでつないでみせる促しも大切となる。

④ 時間的に工夫して，その共有化の過程を交流し評価し合ったり，次時のはじめによかったところを学級全体に紹介する活動も効果的である。

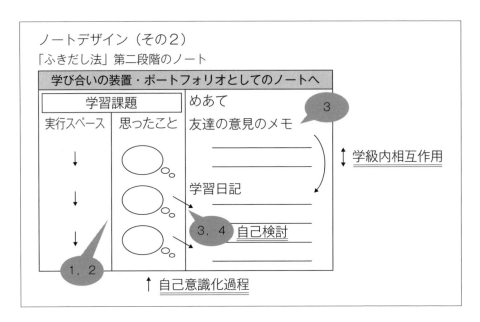

2 ポートフォリオとしての アクティブ「ふきだしノート」

全員が同じペースでノートが進化していくわけではありません。

「ふきだし」というメタ認知ツールを使っても，考えが一つしか書けない子，何も書けない子も初期段階では出てきます。その段階ではそれぞれの個性を大切にすること，それぞれの発達の水準を大切にした指導をするのが「ALふきだし法」です。

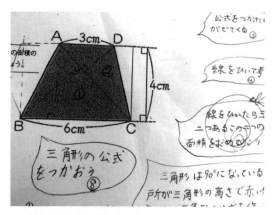

　ヴィゴツキーの「発達の最近接領域の理論」を参照すると、「今日みんなと一緒にできたこと」は必ず「一人でできるようになる」ことの見通しを与えてくれています。つまり、今日は、「あーそうすればいいんだ」と思うだけ、そのようなふきだしを見つけ、適切に支援的評価を与えるだけで、だんだん全員がめざすべき水準に上がっていくことを期待すればいいことになります。

　ここで重要なのは、二つの観点です。一つはモデリングを大切に、個に応じたスパンの中でノートの「進化」を見つめることです。あせって先生が手とり足とり指導するのではなく友達の頭のなかにあるメタ認知を垣間見させることで、「なーんだ。そんなことか…それなら僕の頭にもうかんでたよ」という感じで、ふきだし記述が一挙に増殖？していく例を数多く見てきました。

　もう一つは「蒔かない種の芽の数を数えてはいけない」ということです。ノートの「進化」を促すもう一つの要因は、丹念に教師が毎日ノートをしっかり見取り、その中でその子のよさを発見し、絶えず肯定的評価言を与え続ける努力です。その努力なしに子どもの成長を見つけようとしても、そこに「芽」を見つけることは難しいでしょう。

　ゆったりとした時間の流れの中で、子どもの思考は確実に成長を続けます。アクティブふきだしノート実践を継続すると、そのノートは、子どものそう

いった内面性の成長の記録（ポートフォリオ）であるとともに実は教師のメタ認知ポートフォリオでもあったことに気づくことでしょう。

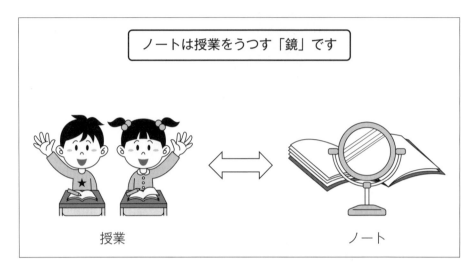

　ノートは授業をうつす「鏡」といえます。式と答えしか書かれていないノートや，子どもの振り返りが浅いノートは，板書や授業そのものが工夫されていない授業かもしれません。
　子どもの学びの深さが表れているノートが作れているということは，その前提となる授業が，深い学びを提供している可能性が高いと判断できます。
　つまり，ノート記述は，子どものパフォーマンス評価（➡ Chapter 5 参照）の良い対象であると同時に，教師の授業改善を促す授業評価そのものでもあるということなのです。

3　ユニバーサルデザインとしての「ふきだし法」

　アクティブラーニングの重要要素である「協働性」は，言うまでもなく，子ども達一人一人が深く関わる学習を意味し，そのためには，子ども一人ひとりが，自分と友達の考えの大切さを認識し，尊重し合う集団作りも大切な

ポイントとなります。

　その意味では，アクティブラーニングの実現は「ユニバーサルデザインの授業と学習」によって支えられていると言っていいと筆者は考えています。

　かつて『授業と学習のユニバーサルデザイン』(2014，明治図書)の中で「テーラーリング(tailoring)」「オーケストレーティング(orchestrating)」の概念の重要性を指摘しました。

　服を一人ひとりの体格に合わせて仕立てるような授業の創造の仕方が「テーラーリング」と言え，それは「個への対応」デザインです。テーラーメイドの指導法と学習環境設定を一方で希求しつつ，「オーケストレーティング」(個と個の響き合わせ)をめざすこと。あたかも音色の違う楽器を響き合わせシンフォニーを奏でるように授業を展開しようという対話的実践デザイン，すべての「子どもが参加する」コミュニケーション豊かな「互恵的な学び」の形を創り上げようとするところに，ALと通底するところがあります。

　おいしいとこどりになりますが，上掲書の中で指摘したキーワードと小見出しを少しのぞき見しておきましょう。

❶ 「見える化」(可視化)

　一見，間違いであるかのように見える式も，思考過程が明らかになることによって，正解であることがわかることもあるかもしれません。更にそれは，実は誰も思いつかなかったユニークで数学的なひらめきに満ちた素晴らしい考え方であることに気づかされることすらあるのです。

●見える化と教育的鑑識

　「ふきだし法」は，一言で言いますと「子どもの思考に教師が学ぶ」指導法であるとも言えます。親和的な学級の雰囲気の中で，どんな「子どもの思い」も受容し，そこに表出された「思考過程」の全てをかけがえのない子どもの営みとして「読み取る」ことによって教師も子どもの思考過程が「見える」ようになっていきます。

佐藤学（1996）は『カリキュラムの批評〜公共性の再構築へ〜』の中で，アイズナーの芸術批評モデルによる質的評価の方法を提示し，それはワインの味利き，美術品の鑑定家の鑑識にも似た評価であり，経験に培われたセンスや鑑賞力による評価としています。そして「教育的批評」（educational criticism）はこの鑑識に基づいて行われる分析的な評価であり，この両者の評価を結合することによって行動主義の評価方法では対象外の数量化しえない層，さらには概念的言語で記述しえない層などの「厚い記述」による総合的な質的評価の可能性を示唆しています。この二つの概念は，カリキュラムや授業評価の視点から論じられていますが，授業をデザインする教師の持つべき資質としても考えさせられるところがあります。

　確かに授業がうまいと言われる先生は，職人芸的に子どもの心をつかみ，目標に向かい，導いていきます。授業でのある意味そのような高度で洗練されたスキルの獲得は，教師にとって悲願ともいえますし，そのようなスーパーティーチャーの授業法分析によって教師の職能向上の糸口はつかめるのかもしれません。しかし，筆者の課題意識は逆で，算数科指導において，そのような領域に達するために積み重ねていく日々の実践や努力は具体的にどのようなものであるべきなのかという，毎日のお米をとぐような地道な努力の道筋であり，その姿を帰納的に導き出そうとしているところにあります。

❷ カウンセリングマインド

　支援を要する子の「ふきだし」に注目しましょう。

　特別な支援を要する子どもの思考過程では，ある1点にこだわって，それ以上思考が進まないことがあります。全ての子どもの思考過程を受け入れ，ともに学び合い高め合うことの価値を共有する親和的な学級の雰囲気が，モラールを高め，意味のある学習を促進します。

●カウンセリングマインドと文脈

　「ふきだし法」の一つの特色は，丹念な机間指導によって，一人ひとりの

思考の過程をできるだけリアルタイムでとらえて，適切な支援・評価を加えるところにありますが，もう一つの特色は，前時や前々時といった，それまでの一人ひとりの学びの履歴を言語的にたどって，その子の思考の「文脈」の理解を重要視していることにあります。クラスの人数が多いほど授業中に把握できる個の営みは限られてきます。ノートを授業後に必ず集めて，子どもたちがどのように授業中に考え，どこまでたどり着けたかを把握しておくことが大切です。授業者がその時，子ども一人ひとりに赤ペンで加える励ましの言葉は，子どもにとってかけがえのない励みとなるだけでなく，授業者にとっても自分の授業を子どものノートによって振り返ることで次の授業の「教育的瞬間*」で生かせる情報を得ることができるようになります。全てのつぶやきをかけがえのない子どもの営みとして「読み取る」ことによって教師も子どもの思考過程が「見える」ようになっていきます。

　「ふきだし法」のカウンセリングマインドの根拠は，C.ロジャーズの「教師の一致」「無条件の肯定的配慮」「共感的理解」であることを前掲書「言語力・表現力を育てる「ふきだし法」の実践」で述べましたが，教師が虚心に子どもの思考過程に向き合い，肯定的な評価を与え続けるとともに，教師自らが「子どもの思考過程から学ぶこと」は，ユニバーサルデザインの授業にとって通奏低音のようにいつも響いている重要なコンセプトといえるでしょう。

❸ 共有化

　『授業と学習のユニバーサルデザイン』（2014）では，学習の見通しを持たせる「めあて」の設定デザインに絞って共有化の過程を示しました。本書では新たに AL の視点から Chapter 4 で詳述します。総論としての学び合いの

＊注　教育的瞬間（Pedagogical moment）VanManen が定義。子どものために何らかの教育的な働きかけをしなければならない一瞬をいう。今ここで学習者に介入しなければならない一瞬のこと。これまでも教師の出場などさまざまに言われてきた部分であるが，この瞬間を捉える方法が従来の指導法では確立されていないと考えている。

過程の重要性について次に補説的に示します。

● 共有化と「学びの快楽」

　佐藤学（1999）『学びの快楽』によると，「学び」を快楽（pleasure）として復権するためには「わかり方を多様な様式で表現し，教室に議論し合う共同体（discourse community）を形成することが，授業と学びの目的とならなければならない。」とあり，「①活動的で②協同的で③反省的な学び（active, collaborative and reflective learning）を教室に実現する」（番号付は引用者）という三つの課題の追及こそが，「学びの快楽」を教室へと持ち込む処方箋と説きます。「表現し共有する学びは，その過程でわかりやすく吟味するメタ認知を形成し，反省的思考を促進する。」という表現もあります。

　学力低下の問題が浮上してきますと，計算練習を時間を限って競うようなことをさせたり，習熟度別や少人数指導が盛んに実施されるようになりました。確かに知識・技能面に限って言えば効果も上がることも否定しませんが，残念なことに「学び合う」という最も楽しい場面を衰退させる結果になっている授業を見ることも少なくありません。マニュアル的，ファーストフード的，教え込むだけの指導は，「ふきだし法」と対極に位置します。子どもたちに真の「学びの快楽」は味わわせたい，そのような教師の思いの上に立てば，ALへの時代の移行は必然の趨勢と言えます。「ふきだし法」は，四半世紀前から「互恵的学び（reciprocal learning）」「議論し合う共同体」「活動的で協同的（前掲書ママ）で反省的な学び」にとことんこだわった実践を提案し続けてきています。

2 アクティブラーニングの授業デザイン

1 アクティブ「ふきだしノート」をつくる

❶ 中華鍋でスパゲッティをゆでないこと？

中華鍋でスパゲッティをゆでる？？といった変な見出しをつけてしまいましたが,料理は,それにふさわしい道具を使わないとうまくいきませんね。それと同様に右のようなひっ算を練習するのはやはり,罫線の入ったノートが必要です。桁をそろえて,計算練習をすると位取りなどのミスを防げ

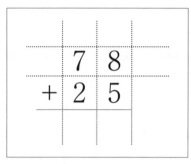

るメリットがあります。つまり,知識理解や技能といった観点を育てるノートと,思考力や表現力を培うノートでは,おのずとその形式が違ってきます。

アクティブ「ふきだしノート」の指導は,まず問題の周りに自由な書き込みスペースを用意することから始まります。

古本温久(2013)の認知心理学実験によりますと,「ふきだし」というフレームが,記述活動への行動誘発性(アフォーダンス)を持つことを示唆しています。まずは,

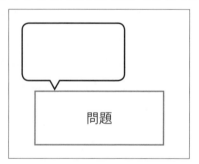

「算数で,まんがのような,●(ふきだし)を使って考えを書いていいんですよ」と語りかけてみてください。それだけで,苦手に思っていた子どもも学習への構えを変えてくる場合もあります。大きさも書き方も自由で思いのままに書かせてみてください。

考えた順番を知りたい場合は,「ふきだしに考えた順に①,②,③と番号をつけるといいですね」と促してもほとんどの子どもにはそれほど抵抗はなくためしてくれると思います。低学年では,あらかじめワークシートにふき

だしの枠組みを一つから二つほど印刷をしておくことも考えられます。ワークシートを利用する場合は，授業後回収して，評価を加えた後，必ずファイリングしてノート同様散逸しないようにまとめていく必要があります。留意点としては，枠組みを押し付けないこと，同じように全員に書かせようとしないこと。ATI（aptitude-treatment interaction）*の知見を参考にして子ども一人ひとりに最適な支援を模索するツールとしての活用をお勧めします。

❷ ●（ふきだし）で内面のアクティブな思考を促そう

　問題は「メタ認知」です。21世紀型の能力は，まさにメタ認知力が問われています。メタ認知とは認知の認知，すなわち，自分の考え方を自分が認知（モニタリング）し，そこからさらにどう考えを進めていけばいいのかをコントロールしていくメカニズムとそれを支えることを言います。無意識になされていた思考活動を意識化し，モニタリングすることは，まず書くという作業によって眼前に立ち現れます。ここで自分の考えを意識化させることにメタ認知形成の大きな意義があります。

　また教師側のメリットとしては，子どもの内面性に着目した支援と評価を一体化させる可能性が広がります。

　きっと，「あの子はこんな考えをしていたんだ」「こんないい考えをどうして授業でもっと取り上げられなかったのだろう」「つまずきがこんなところに多くあったのだ。教科書だけの教材研究では気づけなかった…」など，次の授業からノートやワークシートを点検するのが楽しみで仕方がなくなってくる自分に気づくはずです。そこから真の「反省的実践」がスタートしていきます。

＊注　Aptitude（適正・素質）と treatment（処遇・支援・指導）には交互作用があるという仮説。一人ひとりに応じた支援の最適化をいかに図るかの視点で重要。Aに効果があったことがBに必ずしも効果があるとは限らないという観点を考慮すべきである。

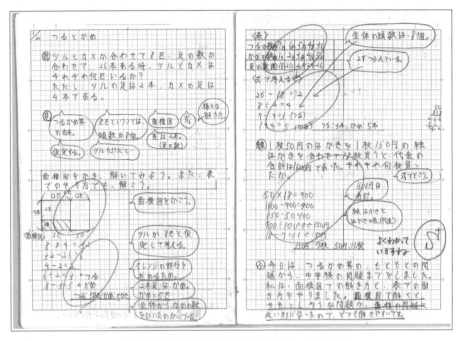

古本温久教諭（関西大学初等部）のノート指導例

❸ 学習の目標に準拠したノート指導
―思考の作業台としてのアクティブ「ふきだしノート」

『授業と学習のユニバーサルデザイン』（2014，明治図書）の中では，「ノートは2種類でチャンネルを変える！」と「粘土板のようなノートづくり」の2点を提案しました。通常の「教える」タイプの授業とは異なり，「少なく教えて多くを学ばせる」タイプの授業用のノートの必要性を提唱しました。

問題解決の過程で探求していく学習の構えと，知識伝達型や技能トレーニング型の学習者の構えは違いますし，おのずと要請されるノート環境もノート指導も変わってきます。ですので，（いわゆる問題解決学習であったり発見学習的であったり構成主義的学習であったりする授業では）子どもにはわかりやすいように「このノートを使う時にはチャンネルを変えてふきだしで

思いっきり考えましょう」という提案をしています。

　目標は，自分なりの考えを持つこと，表現すること，それをもとに深い考えを協働で紡ぎだすことに焦点化されますから，時には習熟を求めない学習もあるわけです。そのような学習では授業展開も1時間1問に思い切って絞り，練習問題の時間もそこではなくてもかまわない，それよりはむしろ振り返りや学習感想に時間を充てるような授業設計を企画することになります。

　そこでは，思いっきり泥遊びに興じる子どもをイメージして，「汚くてもいい」ので，まるで「粘土板で粘土をこねるように」自由に考えてみましょうと指示しています。汚くてもいいというのは語弊があるかもしれませんが，あまりきれいさのようなことにはこだわらず，思いっきり考え，交流し，高め合いましょうというメッセージが込められています。一例を挙げますと線分図の指導などで，よく定規を使って丁寧に書かせる先生がおられます。そのような指導を否定はしないのですが，「考える授業」の場合，数量の関係さえ正確に表されていれば，直線である必要はありません。「定規で」という指導が，そのことを面倒に感じる子どもには，折角素晴らしい思考の道具である線分図から逆に遠ざけてしまっていることに気づくべきです。大人でも，図にかいて考えた方がわかりやすい時，いちいちそのメモに定規を使わないでしょう。

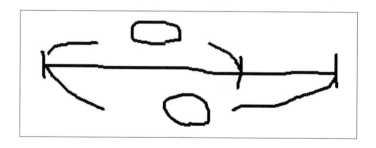

　線分図や関係図，表などのストラテジーは，簡単に自由に使えてこそその良さが感得されます。きれいな図がノートにかかれていることと，習得された学習内容やストラテジーが一致しているとは限りません。

黒板の内容をきれいに写す授業から脱皮し，全員同じことがかかれているノート指導ではなく，一人ひとりの個性あふれるノート指導をめざしたいものです。

❹ ●(ふきだし)というモニタリングウインドウ
―学び合う装置としてのアクティブ「ふきだしノート」

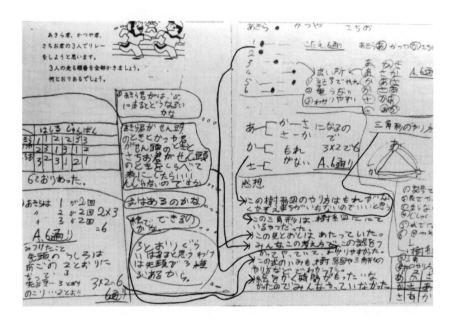

　前述の岡本氏はリアルタイムのモニタリングを「進行モニタリング」，後で反省的に振り返るモニタリングを「反映モニタリング」としていますが，●(ふきだし)で自分の思考過程を「可視化」できることには，そのような二つのモニタリングの意味があると考えています。自分の考えを自由に●(ふきだし)で書き表わすことによって，自分自身の考えをリアルタイムに意識化するとともに「振り返り」の場面で自覚できる可能性が開けます。そして関連する●(ふきだし)を「矢印→」でつなげせる指導が効果を上げます。1時間の授業中の頭の中を整理し，自分の考えのよさやつまずき，そして友達の考えのよさやそれへの気づきと取

り入れなど，たった「→でつないでごらん」の一言をアドバイスするだけで大きく学習感想が深まりだす可能性を秘めています。

　学習感想の実践では，その根拠となる思考過程の自覚が重要です。ただ「振り返りなさい」と言っても元になる考えが残っていなければ表面的な感想，場合によっては教師を意識した「わかった」カノヨウな感想に終わってしまうことも少なくありません。「メタ認知」を育てることによって，自ら主体的に問題を解決できる自己教育力や自己調整学習の力が育っていきます。「こういうときには，こうすればうまくいくはずだ」と囁きかける「もう一人の自分」を育てることは真の「学習力」の育成と同義語であるとも言えるでしょう。

2　アクティブ板書デザイン

　ICT技術の進歩によってこれから開ける21世紀の教室環境は劇的に変わるでしょうし，日本が国際的に誇る「バンショ」でありますがもしかしたら「板書」という教育の専門用語すら，近未来には消滅するかもしれません。実際，現在でもタブレット端末などを活用すると，瞬時に一人ひとりの思考過程が，電子黒板上に表示されるので，共有化も容易ですし，グルーピングや，思考の過程に応じての記録も移動も簡単にでき，たぶんそのようなノウハウは劇的な進歩を遂げていくものと予想されます。

　しかし，ここで記述するのは，そのような環境に依存した板書のあり方ではなく，いかなる環境になろうとも大切にしたいアクティブ板書のデザイン，コンセプトとお考えください。

❶ 板書は大きな一つのモニタリング装置

　板書は，ノートと当然連動しています。みんなで創りあげる一つの大きな「協働作業板」でありノートでもあり，そしてモニタリング装置なのです。ここで言うモニターとは，単にコンピューターなどの表示装置の意味ではな

く，子ども一人ひとりのメタ認知が，協働作業の中でモニタリングされる装置としての板書の意味で使っています。

ですので，その機能を果たすのは，単に黒板やホワイトボードだけでなく，テレビ画面や，電子黒板，OHC（書画カメラ）とプロジェクターのスクリーンなども含まれますし，現時点ではその複合活用が，目的に対してよく機能すると思われます。

目的とは何かだけ明確にしておけば，アナログでもデジタルでもその場に応じた環境の中で，最大限の効果を生み出すことができます。

ではその目的とは何でしょう。一言で言ってしまうと「メタ認知」を育てるということです。

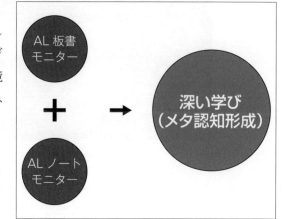

一人ひとりの「メタ認知」が「ノート」に映り，「黒板」に映る，その過程を重視することで，協働学習による「深い学び」が成立するというシステムを大切にします。

❷ 移動式ふきだし法

ここで，紹介したいアクティブな工夫の実践は「移動式ふきだし法」です。開発されたのは，兵庫県三田市立武庫小学校です。

次頁の写真をご覧ください。まず自力解決１にあたる「スタートふきだし」の段階で，見通しを記述させ，その発表と共有化の場面で「ふきだし」型の紙で子どもたちのノートに書いた見通しを張っていく方法です。

時間を短縮する意味で，予想されるふきだしをあらかじめこの紙にかいておく工夫もしています。もちろん誰の考えかを示すネームプレートも重要なツールです。

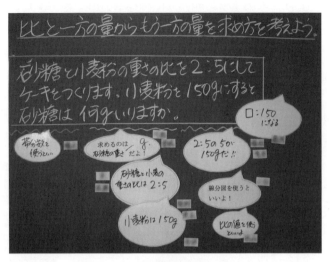

写真は，谷口雅子教諭（武庫小学校）より

そしてここから「**移動式ふきだし法**」が始まります。

次に自力解決2⇒集団解決というように授業は進行していきますが，この初めの見通しのふきだしが，発表ボードなどを活用して行われる説明の活動場面で大活躍します。

自分や友達の見通しが，どのように発展・深化していったかとか，自分の今の考えが，どこから生まれてきたものなのかを明確に示しつつ説明することができます。集団解決（練り上げ）の場面だけでなく，振り返りや，まとめの場面で大変威力を発揮します。これは，一つの重要な「メタ認知形成」支援ツールといえるでしょう。

「知恵の輪」パズルをしている時のことを想像してください。試行錯誤で，偶然それが外れた場合は，もう一度やってくださいといわれたら難しいでしょう。しかし，何らかの戦略に基づいて外した場合や，その二つのパーツが外れていく手順を言語化することができたら，再現可能性はぐっと高まります。

問題解決とは言ってみればそのようなもので，メタ認知が働いているかど

うかで，解決に向かう筋道はずいぶんと変わってくるのです。

　この実践工夫の場合，見通しを可視化し，メタ認知を形成させ，更に，協働的にそのふきだしを活用することで，自分や友達のよさを感得し，授業後の振り返りというモニタリングの場面で更にメタ認知を確実なものにしていっているといえるでしょう。

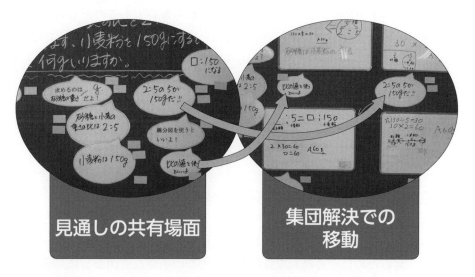

見通しの共有場面　　集団解決での移動

　実践記録の中で武庫小学校の奥野恵梨教諭は次のように記しています。
「(前略)…さらに児童が，発表時に，友達のどのふきだしを使ったかということも移動しながら説明に入れられるように取り組んでいるところである。そうすることで，友達との考えのつながりを見つけるだけでなく，友達の考えへの価値づけとなるのでさらに深めていきたい。」
　アクティブラーニングでは，子どものメタ認知をいかに育てていくかの視点を持っているかどうかで，その成果は大きく変わってくると言っていいでしょう。

3 アクティブ対話とその支援

❶ アクティブ対話：ペア学習・トリオ学習・グループ学習の陥穽

　ペア学習の取り入れは，ピアラーニング（peer learning）の考え方の重要性とは無縁な流行としてあっという間に広まった気がしています。

　それは，ペア（Pair）とピア（Peer）のとりちがいもあるのかもしれないと思ったりすることがあるからです。とにかくペアで話し合わせておけば，

> ①なんとなく活動しているように参観者には見える
> ②授業者も，子どもたちが教師の意を精一杯くんで隣の子どもとの活動を頑張ってくれるのでうまくいっているように思いこんでしまう
> ③発問に責任を持って授業を進めるよりは教師は気楽な部分もある

の３点がその風潮を生んだのではないかと厳しく見ています。

　そんな皮肉な見方をしてしまうのは，多くのペア学習，トリオ学習といわれる本来対話型の授業改革をめざしている取り組みが，対話にすらなっていなくて，何のためにその場面で対話させるのかの明確な意図なしに，子どもの考えがないにも関わらず，「はい，では隣の子と相談してください」のような，アクティブラーニングまがい，アクティブラーニングをやっている「かのような」授業をしばしば見かけるからにほかなりません。

　「ペア学習という名の教師の休憩タイム」もしくは「ペア学習という名の指導放棄」にならないために何を留意しなければいけないかを考える必要があります。

❷ 対話場面における教師の役割

①教材・自己との対話場面での教師の役割

　「机間巡視」という古色蒼然たる上から目線の用語はさすがに最近なりを潜めていますが，それに置き換わる「机間指導」も，アクティブラーニング

の際にはあまりふさわしくない場面が多いと考えています。子どもの内なる声に耳を傾け，話し合いに耳を澄ます「机間支援」という言葉が最も教師の活動を示しているのではないかと思います。しかし耳を澄まして子どもの声を聞いて回るだけの「机間散歩」になってしまうと，その時間は上述した，

教師の休憩タイムになってしまうのです。

　アクティブラーニングでは，深い学びのために教師もアクティブにならなければならないのです。

　例えば，2年生のひき算の単元で「花が21本さいています。8本つむとなん本のこりますか。」という問題での上の4つの「スタートふきだし」（ふきだしを一つだけ書かせる実践例です）を見てください。「たしざんかひきざんかどっちかな」と書いた子どもAと「たしざんかひきざんかわかったよ」と書いた子どもBと「なん本とるかだからひきざんだね」と書いた子どもCと「21本さいています。8本つむとなん本のこりますか」と問題文をそのまま書き写している子どもDでは，どのような支援が必要か，または必要がないかは，このふきだしが見えているかいないかで大いに違ってきます。これまでの指導では，このような簡単な内省的記述でさえ表現されないことが多かったために，一律にヒントカードを渡したり，ブロックや計算棒を用意することがほぼ教師の勘で与えられてきたといえます。当然丁寧な支援や指導が必要であるのに放置されたり，場合によっては過剰な支援がやみくもに与えられてきたともいえます。この例では，課題把握や演算決定に至る認知の水準は，D⇒A⇒B⇒Cの順であると推測されますが，どのような支援が最適であるかは，更にこの子どもたちのこれまでの学びの文脈にも思いをはせる必要があります。

先ほど説明しましたATI（適正処遇交互作用）というのは，一人ひとりの個性と教育の仕方に相性があるという仮説に基づく教育心理学の理論ですが，筆者は「ALふきだし法」では子ども一人ひとりの学び方や個性を把握しやすいことから，個への働きかけがより最適化する可能性を秘めていると考えています。思考過程がノート上で可視化されると自信がなく，恐る恐る自分の考えを書き始めた子どもには，「いいことに気がついたね！」と「教育的瞬間」を逃さず教師が肯定的評価をすることの機会も増えることでしょう。はなまるを付けてあげて，「この事を発表してみるといいね」と励ましを入れることで，これまで手を挙げなかった子どもが手を挙げだしたという事例を数多く聞いています。自己効力感（自分もやればできるという自己肯定感）は，些細な成功体験の積み重ねによって形成されていきます。文章化されていない単語だけのつぶやきであってもふきだしノート上に現れるそのような「教育的瞬間」を逃さず，評価言を与えられることに「ふきだし法」の大きな強みがあります。しかし，子どもによっては，ここでは支援をせず，自力解決を「見守る」方が最適なこともあり，教師の出場(でば)は，その子どもの学びの履歴（文脈），ディスコース*に依存すると考えています。

　私の考える一つの自力解決場面における支援モデルは歯科医の動きです。患者は，椅子の上でじっとしていますので全然違うのですが，歯科医は，カルテやレントゲンでこれまでの治療歴を全員きちんと頭に入れて，同時進行で複数の患者に医療行為をしています。教師が医師に学ばねばならない点はこの点で，授業に臨むとき，「ふきだしノート」などにより子どもの学びの履歴とつまずきのありか，その子の適性などが頭に入っているかということです。「ふきだしノート」は，個人の全ての学びの足跡が記載されているため，子どもにはポートフォリオの役割であるとともに，教師にとってはカル

＊注　ディスコースとはテキスト＋コンテキストのこと。即ち，「書かれたもの＋文脈」の中に学習の意味が存在し，それぞれが単独では意味をなさないと考える。子どもにとって，「書かれたもの」とは内省的記述表現活動（ふきだし記述）であり，「文脈」とはノートに残る足跡（ふきだし）の中に子どもの躓きやこだわりを看取ること。授業研究の本質はそこにあると考えている。

テやレントゲンの役割を果たす可能性があるということです。最適な支援，アクティブに教師が動けるかどうかは，このように一人ひとりのディスコースをいかに理解しているかにかかっているといえます。歯科医の動きをめざした教師の職能向上も一つの目標かも知れません。

更にもう一つ学ぶべきプロの姿を紹介しましょう。チェスや将棋の名人がよく試みる１対複数の「同時対局」です。

なぜ，このようなことが可能かというと，名人には脳内碁盤や脳内将棋盤があって，一人ずつの動きが記憶されているからだと聞きます。アクティブラーニング支援については，このスキルを教師は学びたいものだと思います。といっても40人
分の脳内ノートは難しいと思いますので，座席表の活用もその手助けになると思います。一人ひとりの学びの過程に目をやり，最適なその子にとっての次の一手を考える…その楽しみがアクティブ支援の醍醐味とも言えます。

「ふきだし法」による問題解決型の授業では，その思考過程は，①課題の把握→②方略の決定→③演算の決定→④立式→⑤解決　のシークエンスの様相を示すことが多いですが，その際，内的言語が表現として自覚されるため，どの瞬間で自分が「わかった」という心理状態を感じているのかが，本人と観察者ともに知ることができます。

この瞬間にカウンセリングマインドによるアクティブ支援の評価言の例としては，「そう！　いいことに気がついたね（肯定的評価：一人で更に考えを進められるような様子の場合）」「いいことに気がついたね！　どんな図をかけばいいと思う？（共感と支援：「図」とはかいたものの，自信がなさそうでなかなかそれ以上思考が進みにくい様子の場合）」などが考えられます。タイムリーな声掛けが，子どものメタ認知を促し，自己肯定感を高めていきます。

②友達との対話（peer）学習での教師の役割

　①では，アクティブな支援の行動根拠について述べました。しかし，ここで留意が必要なのは，ペア学習にせよグループ学習にせよPeer学習は，基本的に「介入不可」であるということです。仲間同士の学び合いに便益が存在します。

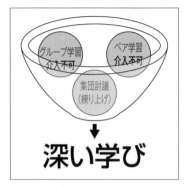

　教師がそこに介入した瞬間もはやPeer学習ではなくなるということです。いささか迂遠な引用ですが漱石の「それから」には次のような警句がありはっとしたことがあります。「ジェームスの云った通り，暗闇を検査する為に蝋燭をともしたり，独楽の運動を吟味する為に独楽を抑える様なもので，生涯寝られっこない訳になる。」

　教師が独楽の運動を止めてはいけません。

　教師の目と耳でしっかり受け止めないといけないポイントは次のたった一つです。「友達同士が，本当に伝えたいことを伝え合おうとしているか？」です。

　この観点でうまくいっていないと感じたら内面性重視のペア学習は成立していないと考えるべきです。

　この段階で教師がすべき行動は，次頁のモデル図のように表せるでしょう。表面的なアクティブは，お互いに形式的に話すのみで深まらず，交互に言い終わったらそれで活動は終わりです。しかし，螺旋的上昇モデルは，対話がお互いにとって啓発的で一つの対話が次の対話を生むようなディープアクティブラーニングにつながる活動です。

　このような対話を生み出す「仕掛け」についてはChapter 4の3で詳述したいと考えています。

深まらないペア学習のモデル
一方通行のやり取り

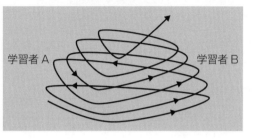
深い学びが期待できるペア学習
螺旋的上昇モデル

　さて,対話学習における教師のスタンスについて話を少し戻し,そのポイント2点をまとめておきましょう。

③peer学習の際には,基本的には「介入なし」を原則とする

　これが基本です。よくある失敗例は,教師が不用意にかかわってしまうことで,peerによる育ちが阻害されたり,単なる少人数学習支援になったり,個別支援を順に繰り返しているような教師の動きです(peer学習で唯一教師のかかわりがあり得るとすれば,教師もpeerと同じレベルに立つというようなかかわりですが,小学校の場合はかなり難しい立ち位置であると思われます)。

④座席表などを活用し,情報を集め次の授業場面で生かす

　「介入なし」になると教師はヒマになるかといえば,逆で,しっかりと机間を回って対話の情報を集め,集団解決場面のコーディネートの作戦を立てることが必要で,教師にとってもアクティブな時間になります。全てのペアやグループでの対話の様子を注意深く観察し,また聞き取り,集団解決場面で,ここでのやり取りをうまく組み込んでいく手腕がここでのアクティブな職能といえます。

　学習集団を育てていく初期の段階の,練り上げ場面では,やはり発言や発表の順序性が大事です。ディスカッションの山をどこに設定するかを考えます。その山に向かってのつまずきの生かし方やいろいろな考え方の発表順な

どを考えます。もちろん集団が育っていくと相互指名によって教師の交通整理の場面はより少なくなっていきますが，いずれにせよ peer 学習場面での情報収集をもとにより深い学習に発展する環境設定が重要です。

全体の動きはもちろんのこと，気になる子ども，支援を要する子どもの観察は特に注意を向けて行い，その時の様子やシンプトムについて支援的・肯定的評価活動を行います。

また，うまく進行していない場合はその原因を考え，次の授業場面での生かし方やフォロー，支援を考えるとともに，授業後の学習感想と合わせて次時への反省的実践としてつないでいくことが大切です。

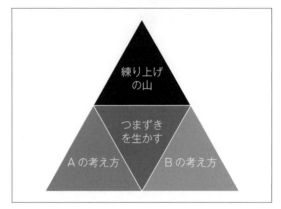

Chapter 4

導入・展開・まとめの場面での「ALふきだし法」

> アクティブな学習を保証するため従来型の「導入」・「展開」・「まとめ」といった授業段階は，どこまでも「能動的」か「自律的」か「協働的」かといったキータームで厳しく問い直され，検証されなければならない。

1 導入場面の「ALふきだし法」

1 課題把握・「問いの発生」と「ふきだし法」

❶ 「入口」は「出口」から始まっている

　「能動的自律協働学習」の授業デザインでは，全ての授業場面で「能動的」であり「自律的」であり「協働的」であるかを問いつつ授業構想を練ります。
　クリティカルに考えていきましょう。
　まず古来使われてきた「導入」という言葉もクリティカルに精査する必要があります。「導入」は教師が「導入」する，もしくは「『導入』から授業は始まる」そういった「思いこみ」が背後にないでしょうか？「はい。教科書○ページ開いて。今日はその①番をやってみましょう」のような授業の始まりが，能動的学習を促すか？といえばなかなか難しく，勢い「教師」が場の設定を変えて，実物を持って来たり，ゲーム的に始めたり様々な工夫を凝らしていく授業研究が数限りなく行われてきました。しかし問題は，教師主導の導入になっているところにあって，子ども自らが問題を発見し，既習の知識や技能を統合しつつ主体的に問題を解決しようとするための「入口設定」になっているかどうかが重要な視点です。

　ALの「導入」（あえて「」付きで旧用語を使用することにします）を考えるときに大事なのは，前時や系統的に今日につながる既習単元での学習の文脈なのです。

●「銀行型教育」からの脱皮

　ブラジルの教育学者パウロ・フレイレの『被抑圧者の教育学』*の中で，

＊注　パウロ・フレイレ『被抑圧者の教育学』1979，亜紀書房

例えば「4×4＝16（中略）生徒は4×4が実際に何を意味するかを知ることなく（中略）これらの文句をノートに記録し，暗記し，反復する（p.66）」という例などを挙げながら一方的に語りかける銀行型教育を批判しました。教師は預金者で，生徒は空の銀行口座（金庫），知識は貨幣で，権威ある教師が知識の伝達を預金のように行う伝統的教育形態の危険性を指摘しています。筆者は一方で子どもたちに知識を貯金させることの重要性は否定しません。しかしもし，学力低下問題が浮上するたびにその克服に銀行型教育の比率が高まることがあるとすれば，それは何の問題解決にならないばかりかむしろ新たな「学力危機」を助長してしまうでしょう。少々哲学的な話になりましたが「ふきだし法」の基本理念に通底する重要なところですのでもう少しお話を続けます。その際，秋田喜代美氏の『子どもをはぐくむ授業づくり』*を参照したいと思います。氏は，これまでの学力の「鳥瞰図」から，「子どもが育ち学ぶ道筋からみて意味のあるもの」へと組み替える授業デザインの必要性を説き，「学習をめぐる三つの信念への問い」というテーマのもと，上記フレイレの理論を出典とした「貨幣的知識観」への警鐘とともに，「転移」と「切り離された知」の止揚の方法について考察を加えています。

「転移」の問題では「先行の学習がのちの学習に影響を与える」という心理学的信念で教師は子どもたちに「今に役に立つ時がある」というガマン勉強を強いてきた経緯があります。しかし，ここで紹介されている三年間にわたるイギリスでの二つの学校（習熟度別クラス（a）での伝統的教育と能力混合クラス（b）での探求学習の展開）での事例は，「前者（a）の学校の生徒たちは数学の知識を学校外の問題とは無関連のこととらえたのに対し，後者（b）の生徒は新たな問題が与えられると，学校外のことがらでも推理して関係づけることができた（p.17記号引用者）」というもので，現実への活用力の不足が学力問題として取りざたされていますが，その育成方法について再考すべき重要な論点を孕んでいます。

＊注　秋田喜代美『子どもをはぐくむ授業づくり〜知の創造へ〜』2000，岩波書店

また,「切り離された知」とは,個人と考えの内容は切り離して論じる脱人格化が原則なのに対して,「つながりあう知」は「関わる対象である特定の人や物と学び手との関係性,ケア(相手への専心と配慮,そして相互の育み)を核にした理解(p.24)」のことで,この書物では「ALふきだし法」が大切にしている教育観を21世紀型の教育の視点から再確認することができます。

❷ 教師の思いこみを排し虚心に「子どもに学び」支援する

　「ALふきだし法」で授業をしていますと,教科書だけをみて教材研究をするのとは違った,生の子どもの考えや発想に触れることができます。この子どもの「本心」に触れることなく授業を指導案通り行おうとすれば,そこにおのずとずれが生じ,何人かの子どもの思考は置き去りにされ,何人かの子どもにとっては能動的自律的な学びと程遠い「勉強」になってしまいます。とりわけ低学年では素朴な思いが抵抗なく表現されるので留意が必要です。

　筆者がどきっとした2年生の例を二つ挙げます。

【case 1】

　「おかしをかいにいきました。34円のガムと12円のあめをかうといくらになりますか」という問題を考えさせる場面では,教師は,たし算の立式が普通にできるものと思っていました。ところが,「ふきだし法」で自由に書かせてみると写真のように〈かうとだからひきざんだ〉という子どもが結構な数でいることがわかったのです。

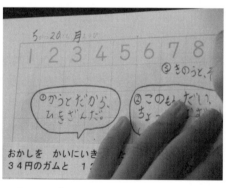

　子どもの頭の中には買い物には100円を握っていくような情景があって,〈そのおかねがへるから〉ひき算と考えたのでしょう。授業では,元気よく

手を上げて「たし算です」と答えた子どもの考えだけを子どもの「思考過程」とみなすのではなく，そこに内在するつまずきを見出し，たし算の問題場面であることを共有した上で，計算の仕方をみんなで考える授業展開にしたいものです。このような例を筆者は数限りなく見てきています。

【case 2】

問題は「長さ4cmのテープ2枚を1cm重ねてはります。全体の長さは何cmですか」というものです。

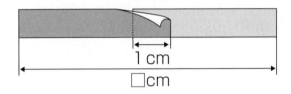

この問題については具体物を用意しても，最初から正答を示した子どもはある学級では7/24と3割に満たなかったことがありました。子どもたちの，5cm，6cm，8cmなどという誤答をみると筆者もあらためて難しい問題であることを思い知らされました。読者はどこにこの問題の困難さがあると思われますか。学びの文脈の中では，長さの加法や，減法については「見える範囲の計算」しかやってきていないのです。つまりこんな場合の計算がたし算かひき算で計算できることは全くの未経験で，重ねる場合片方の1cmは相殺されるのは，これまでの経験とは全く違う活用の問題にあたるという認識が必要です。ゆっくりと「計算ができるかな」から始まって，できるとしたらどういう考えでできるのかを共有しながら進めていくべきだったのです。そこを大人目線の発想で計算できる進めると，大きな抵抗が生まれ誤答が数多く生まれてきます。

思考過程を丁寧に追って見ると〈おもて4cm，うら4cmあわせて8cm〉という考えが表れました。筆者は一つの謎が解けた気がしました。確かにうらと表を見ると「おもて4cm」「うら4cm」なのです。この考えなど多く

の発想を教師は真摯に受け止め，子どもたちの納得理解を導くように「問いの発生」を大切にして，集団解決に導いていく手腕が教師に求められています。

● 3Cと3R'sとは

　佐藤学氏は，3R'sといわれる読み書き算数（reading,writing,arithmetic）に代わって3C，心を砕く（care），知的関心（concern），つながり（connection）の必要性を説きましたが，秋田氏は同じ3Rでも，受け入れ（receive），かけがえなさを認め（recognize），それを敬い愛すること（respect）としての3R'sが今後の教育に必要であると結論付けています。筆者が「ALふきだし法」の実践研究者として最も共感するのは次のフレーズです。「学ぶ中で育ち，教える中で育むことが求められる。その鍵は，授業をみとる目，学習材や活動，学習環境をデザインする時に，育みの視点，子どもの育ち，発達を考えていく視点にある。」*

　「ALふきだし法」では，子どものかけがえのない思考の営みのすべてを受け入れることを基本にして，子どもたち同士の関係性，子どもと教師の関係性を深めながら学習を作り上げていきます。また，教師は子どもの口座に預金していく者としての役割もあるとは言え，教師も子どもの内的記述から学ぶことによって，ともに育つ側面を重要視しています。

　「ふきだし」に思考過程を書かせても教師のスタンスに秋田氏のいう3R'sがなければ，「ALふきだし法」は成功しないと思われます。

2　「めあて」をアクティブにする

　さて，皆さんの普段の授業はどのパターンでしょうか？
①めあては基本示さない，②たいてい今日は「これをやるよ」って授業のは

＊注　佐藤学『学力を問い直す』2001，岩波ブックレット，No.548, p.190

じめに示す，③問題を提示したら，今日のめあてを告げる，④問題把握をさせ，ある程度の見通しを発表させてから「めあて」を子どもと一緒につくりだす。

　筆者の考えを述べる前に，まず「めあて」とは何かを整理しておきましょう。まずは，「めあて」と目標の違いです。
　目標は，達成目標と期待目標，向上目標，方向目標，体験目標，行動目標など様々に分類，整理されていますが，ここでは教師側から見た到達したい指導領域と仮にしておきます。簡単に考えますと目標は，アチーブメントテストなどの評価で表せる到達目標（goal）とそのような評価法では図ることが難しい「ねがい」のようなねらい（aim）に分かれると考えています。いずれにせよ教師は，子どもの変容をどこに求めるのかのしっかりとした目標を持って指導にあたるべきです。
　では，「めあて」とは，なんなのでしょうか。
　筆者はアクティブラーニングの観点から，**協働学習が成立するための「問いの発生とその共有化を重視し，知識や技能の修得，見方・考え方の形成や問題解決に向かう方向性などを協約的に示した（数学的）活動目標」**であると定義したいと思っています。

　そのような定義に基づきますと，おのずと上記の授業設計は，どのタイプが理想に近いかが見えてくると思います。
　①は論外として　②は，教え込み型，講義型の授業ではあり得るパターンです。私も講演会では，先行オーガナイザーよろしく，これこれを今日は話をしますと言って目次項目をはじめに告げることがあり，それを意味なしとは言えませんがAL授業では，まずやめたい方向性です。では③と④の違いについて考えていきましょう。
　③の問題を提示したら，今日の「めあて」を告げる。これは，問題と同時に「教師」が「めあて」を「今日は線分図を使って考えていきましょう」と

するパターンです。しかしながら，先ほどの「問いの発生とその共有化を重視し，知識や技能の修得，見方・考え方の形成と問題解決に向かう方向性などを協約的に示した数学的活動目標」というアスペクトから考えるとどうでしょう。課題提示から，めあての明示までの間に，子どもが考える時間やつぶやきタイムが保証されないと，子どもの内面に問いが生成する暇がありません。少なくともめあての設定が教師主導で，協約的ではありません。

これで能動的・自律的な学習の入り口と言えるでしょうか？

④問題把握をさせ，ある程度の見通しを発表させてから「めあて」を子どもと一緒につくりだす。というめあて設定が，筆者の考える「**アクティブめあて**」に大変近いものです。

では「**アクティブめあて設定**」の二つのポイントを定義に従って次に示します。

❶ 問いの発生とその共有化

アクティブめあて設定では問いの発生とその共有化の過程でのつぶやき（フリンジを含む）を大事に子どもたちの思いをつなぎ，これまで自分たちが学んできたことを活用すれば自分たちの力で解決できそうだという見通しを持たせるようにします。

ふきだし例

❷ 既習事項・体験の脳内検索と見通しの共有化

解決の「見通しを持つ」ためには，まず問題に出会った時にこれまでの自分の学習経験を想起，検索し，役に立ちそうな方法をイメージできることが大変重要です。
　これまでの学びの文脈を大切に，メタ認知育成支援の立場から，問題解決に向かう方向性（見通し）やストラテジーを引き出していきます。

ふきだし例

　見通しのふきだし（「スタートふきだし」という言葉を使っている実践家もいます）の中には，Chapter 1で述べたフリンジがたくさん垣間見えるのも教師にはわくわくするところです。このような見通しやフリンジの共有化の過程を経て，では今日は「テープ図に表して考えてみましょう」とか「表に表してきまりを見つけていきましょう」などの「めあて」を協約化し問題解決にあたります。このような過程を経るので，表現は子どもの実態に合わせて，指導案どおりではなく多少変わることもありえます。これが「ALふきだし法」の入り口です。

　めあての重要性は，最後のまとめと関連づけて振り返れるかです。そのためには，「めあて」設定までの思考過程をノートや板書記録にとどめ，いつでも参照できるようにしておくことが大切です。（※詳しくはp.101「4　まとめと振り返り場面での『ALふきだし法』」参照）

2 展開・自力解決場面の「ALふきだし法」

1 書くことにこだわる

　21世紀型の能力の育成を支える重要な理論の一つに自己調整（制御）学習（Self-rerulated learning）があることをすでに述べましたが，多くの観点で，「ふきだし法」との実践的知見と一致が見え始めています。自己調整学習のキーワードの関連から書くことにこだわる意味について考えてみましょう。

　『自己調整学習の実践』という書物では，言語的課題調整と自己調整は概念的，実証的に同じであることを示しています＊。そこでは，インタビューや子どもが課題遂行中の思考を言語化する思考発話法，そして課題遂行からメタ認知過程を推論するといった方法により，高い自己調整を示した小学生児童は，学力が向上したことが述べられています。

　また，自己調整と同義的な言語的課題調整の指標は，①他者に向けられた発話と②私的発話（他者に向けられていない，聞き取れないかもしれない発話）の二つです。

　筆者はこれまでヴィゴツキーの理論から，自己中心的言語と「ふきだし」の関連性とその有用性を考えてきましたが（前掲拙著 pp.25〜29），この書物での特に「私的発話」に焦点を当てた研究を読みますと，「ALふきだし法」に通底する記述があり興味深いです。

　上掲書での結論は①私的発話のレベルが高いと観察された生徒は高い学力を得る。②私的発話の多い子どもは，1年生から3年生の算数の学力が上がる。というものです。

　「ふきだし法」は，基本的に外的言語が内的言語として取り入れられる過渡的段階に表れる「つぶやき」を意図的に取り上げる基本的なスタンスを持った指導法ですが，「私的発話」の研究は，図らずも「ALふきだし法」の

＊注　シャンク，ジマーマン編著，塚野洲一編訳『自己調整学習の実践』（北大路書房，2007，p.204）

学習者側の意義の基本的立脚点を保証するものとなっています。

また，この書物にある論文*では，自己内省の自己調整活動を支える重要な活動として①自己モニタリング，②自己言語化，③達成に関する信念の自己調整をあげています。就中，②の自己言語化という活動が「AL ふきだし法」との関連ではここでは特に注目すべきでしょう。

「言語化は，生徒がスキルや方略を獲得し始める学習の初期段階や，学習において困難に出会うケースであればどのような場合でも極めて有用となるものと思われる。(p.159)」とあるように，自己内省の練習として言語化を行うことの有用性を指摘しています。また同時にこの文脈の中で，「子どもが言語化そのものに意識を集中させすぎてしまうと，言語化の内容に正しく注意を払えず，学習が阻害されてしまうかもしれない。」との危惧を示してはいますが，筆者は「ふきだし」という枠組みの使用の場合，子どもの思考の言語化の方法として負荷が低く，自然な表出が可能で，学習の進展には有利な面が多いことを実践的に確認しています。

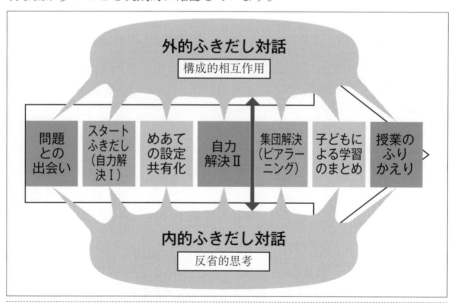

*注　ディル・H・シャンク「小学生を対象にしたモデリングによる数学スキルについての自己調整の指導」

アクティブラーニングは，言語活動をベースに成り立っています。なぜなら，外的にも内的にもアクティブであろうとすれば，内的にも外的にも言語活動をその根本に据える必要があるからです。

　上に「ALふきだし法」の授業過程を示していますが，この7つの過程のどれについても，内的・外的言語による対話が重要で，その過程すべてに「ふきだし」が，モニタリングウインドウとして，そして内的活動⇔外的活動の懸け橋として重要な役割を担っているのです。

　ここまでの考察と，「ALふきだし法」の実践的方法としての結論を述べますと，

①「ALふきだし法」では，見通しのふきだし「スタートふきだし」を書くという授業場面を【自力解決のⅠ】と位置付けています。この場面では，「つぶやき」を大切に取り扱い，本来声にならないで消えていってしまうような私的発話をメタ認知させ，学習者も教師も友達も大切に受け止め，算数数学的な内容については特に授業のまとめの場面において振り返ることが大事です。

②見通しを発表し，「めあて」を設定・共有化する場面では協働するには必ず言語を必要とします。写真の「ふきだし④」を見てください。5年生のひし形の面積の求め方を考える時間です。

　前に習った公式を検討しながら（ふきだし①），方法を模索するうちに新しい公式（この事例ではひし形の公式〈対角線×対角線÷2〉）を生み出していこうとする思考が見て取れます。まさに，子ども自身が，既習から公式を生み出していこうとする瞬間が

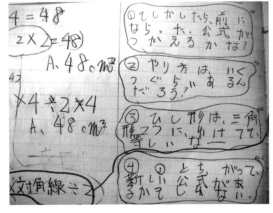

見えます。この教育的瞬間に子どもと教師が感動を持って立ち会うことができるなんて教師もわくわくしてきませんか。このような見通しを持って協働的に授業が進んでいきます。めあては，この時点で「これまで習ったことを活用してひし形の面積の求め方を考えよう」のような形で立ち現れます。めあてが共有される場面は，このように授業が10分くらい進んだ場面で出てくることもあります。

しかしここからの子どもの解決に向けた記述活動は目覚ましく，意欲的に自力解決がどんどん進んでいきます。

教師は「ふきだし」記述を見て回るのが楽しみで仕方なくなります。あとは，机間支援で子どもの思考過程をよく観察し集団解決での，発表の順序性などの戦略をたてるのが教師の仕事となります。

2 対話的実践でメタ認知形成にこだわる

次頁のコンセプト図は，拙著『授業と学習のユニバーサルデザイン』で示したものです。入口から出口まで，自己と他者の思考過程をアクティブに対話的にデザインすることで，授業の中に，押し付けでない真の学びが構成されていきます。

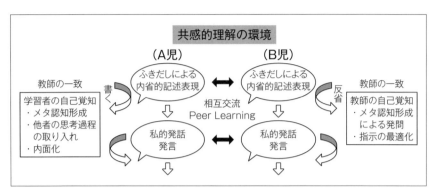

「ふきだし」の機能モデル図（集団解決場面）

　例えば「見通し」の発表という授業場面は必要ないという考え方もあるようですが，それは対話的実践ではありません。

　目標が能動的・自律的・協働的な学習過程をどのようにデザインするかですが，「ふきだし法」の基本的立脚点はこれまでも述べてきましたように「発達の最近接領域」や「認知的徒弟制」と言われる発達理論や学習モデルです。認知的徒弟制では「モデリング」「コーチング」「スキャフォルディング（足場づくり）」「フェイディング（足場はずし）」といった段階を大事にします。重要なアスペクトは次の5つです。

　①「見通し」を持てずにいる子どもたちに「見通し」を持てるようにすること。「やってみせる段階（Modeling）」「一緒に歩きながらも見守る段階（Coaching）」「足場をあたえる段階（Scaffolding）」「足場をはずしていく段階（Fading）」のどの段階にいるのかを「可視化して」見極められるのが「ALふきだし法」です。

　②学級にはさまざまな段階の子どもがいますので，見通しを発表することで「あーそうすればいいのか」「なるほどそれならわたしにもできそう」「そういうのを見通しというのか」と学んでいく子どもたちがいることに気づくでしょう。この段階では「友だちの考え」に学ぶ子どもがいていいのです。「今日みんなといっしょにできたことは明日自分の力でできるようになる」というのが発達の最近接領域の考え方です*。

③つまり，全員が見通しをもって問題解決にあたれるように子ども同士の学び合いを重視するのが「ふきだし法」で，やって見せるのも足場を与えるのも子ども同士であることを期待するところに指導法的特徴があります。もちろん教師はその思考過程を見つめながらどの子どもがどの段階にいるのかを注意深く凝視め，どのような支援が必要なのかを考えることを怠ってはいけません。

　④「見通し」は最後に振り返る場面を必ず設定することによって，「見通し」のよさを学べるだけでなく「わかった」と思っていた子どもが，実は分かっていなかったことを自覚したり，他の考え方を聞くことでさらに思考が広まったり深まったりするメリットがあります。また教えることによって学ぶ（learning by teaching）機会ピア学習（Peer Learning）を提供することも重要です。

　⑤最も重要なのは，子どもの育ちに合わせて重点はシフトさせるということです。つまり，「見通し」力（問題解決のための手掛かりやストラテジーの選択，結果の推測）が育っていないと判断される時期では，「見通しの発表」場面やペア学習に力を入れます。しかし，学級全体に問題を見通す力が身についてきたと判断される時期では，自力解決と練り上げの時間に重点を置くようにしていきます。子どもの実態を見ながら，自律的な学習ができる子どもを育てるために今，どんな支援や授業デザインが最適かをその都度判断して子どもとともに成長していくのが「ALふきだし法」の極意と言えます。

　次に対話的実践の意味と「ALふきだし法」の関連をもう少し説明します。①教師との対話，②友だち・教師との対話，③学習材（教材）と自己との対話，の3つを合わせて授業デザインすることを「対話的実践」と呼んでいます。①②③について順に述べます。

＊注　p.90Column「発達の最近接領域とは」参照。

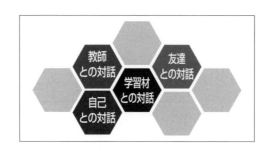

①教師との対話

　佐藤学氏は，教師が子どもの「内言（inner speech）」や「内なる声（inner voice）」を発達的に先回りして補助的に代行する，換言すれば「子どもの目の高さで問いかけ，思考を誘発し引き出す」ことによって「子どもの自立的で活動的な思考を促進し，反省的で探求的な思考を誘発する」*営みの重要性を指摘しています。「足場（scaffold）づくり」が最近とみに重要視されてきていますが，上述のように「自立的で，反省的で，探求的」な活動を誘発する「足場」でなければ意味がありません。それを可能にするのが子どもの「内言」や「内なる声」に耳を傾けるところから始まる実践であるといえます。「ふきだし法」は，その「内なる声」に最も近い形で，思考過程を生のまま取り出し，「子どもの目の高さで思考を誘発する」働きかけを教師に迫る指導法であると言えるかもしれません。

②友達との対話

　友達との対話については「peer learning」の考え方をChapter 3で説明しました。教師が教え込むのでなく，友だち同士のコミュニケーションを大切にすることで，話すことによって自己の考えを自覚し（メタ認知）筋道だった説明ができたり自分の考えに自信を持つことができます。またわかりにくかった子どもも友達の説明に学ぶことで自ら「足場」として取り込み，次の

＊注　『学びの快楽』1999, 世織書房, p.74

ステップへ階段を登れるのみならず，シナジーや創発といった，相互作用によるさらなる高みを目指すことも可能となります。その対話の契機として「ふきだし」記述を重要視しているのです。

③学習材⇔自己との対話

学習材（教材）と自己との対話を「ALふきだし法」で可視化することによって「気づき」の瞬間，子どもと学習材の真の「出会い」の瞬間を教師も学ぶことができます。そのことを追究していくと，下図のように指導案がこれまでの形態と根本的に変わる授業デザインも期待できます。

「ALふきだし法」では，以上のような対話的実践を遂行する意味で，自力解決場面における「スタートふきだし」を特に重視しているのです。見通しがたった後の子ども達の問題に向かう姿勢は実に意欲的能動的なものとの変容します。

発達の最近接領域とは

発達の最近接領域（the zone of proximal development）は，ヴィゴツキー（Vygotsky, L.S）が提唱した発達の水準に関する概念で，定義としては「子どもの機能が達成した成熟の段階を子どもの現在の発達水準と呼ぶことにし，まだ成熟中の段階にある過程を子どもの発達の最近接領域と呼ぶ」というようにヴィゴツキーは書いていますが，いまいちなんなのか分かりにくいです。「最近接の発達領域」と本来訳すべきであるとの説もありなかなか難解です。

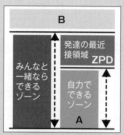

「自分だけでできる」のが現下の発達水準（A）で，その上の未発達なゾーン（B）との間には，大人の手助けや仲間とともにであったらできる領域が存在し，その部分が「発達の最近接領域（ZPD）」であるというものです。

そして子どもの発達を促すには，この領域に注目することが重要であるというのがヴィゴツキーの考えで，この考え方は大変重要な示唆を，私たちに与えてくれます。

もう少し「思考と言語」から，その意味を読み解いてみましょう。

「自主的に解答する問題によって決定される現下の発達水準と，子どもが自主的に共同の中で問題を解く場合に到達する水準との間の相違が，子どもの最近接発達領域を決定する。(p.298)」筆者は，この共同の中でという言葉が極めて重要であると考えています。その極めつけ部分が次の記述です。「共同の中では，子どもは自分一人でする作業のときよりも強力になり，有能になる。かれは，自分が解く知的難問の水準を高く引き上げる。(上掲書 p.300)」一人での解決ではなく，共同で問題解決にあたる時，子どもは，現下の発達を高く引き上げ，明日の発達ゾーンへと達していくとしているのです。

学習場面でグループ活動やピア-ラーニングなどで，子ども同士の話し合い活動を重視する根拠はここにあると言えます。

また，「ある年齢のある段階での発達の最近接領域にあるものは，次の段階で現下の発達水準に移行し，実現するということを明瞭に示している。言い換えるなら，子どもが今日共同でできることは，明日には独立にできるようになる。(上掲書 p.302下線引用者」下図のように，日々成長していきます。今日発達の最近接領域にあるものは，明日には，今日の発達レベルとなり，自力でできるようになって階梯をあがっていくということです。

ヴィゴツキーは，学習場面のみならず，子どもの共同遊びの中に，発達の源泉を見，遊びは発達の最近接領域を創造する（ヴィゴツキー『ごっこ遊びの世界』(p.30)」と言っています。子どもたちが，みんなで遊んでいることによってお互いが刺激し合い，自然な背伸びが発生し，発達が促されていきます。幼児教育や小学校教育において遊びは，発達上大変重要な意味を持っていると言えます。

3 展開・集団解決場面の「ALふきだし法」

1 ディープアクティブラーニングをめざす

　集団解決の場面でよく目にするのは，班ごとに考えたことなどを，順に発表していく授業です。並立的に順に発表させて，「いいですか」「いいでーす」という受け答えで拍手をして次に進むような授業です。一見子どもが活躍しているように見えるのですが，能動・自律・協働の観点からはさみしい限りです。

　集団解決場面のALによる改善では「互恵的協働」「クリティカル」「オーケストレーティング」といったキーワードから考えていきます。

　集団解決場面には，一斉学習だけでなくペア学習やグループ学習などの形態も当然含まれます。そして，適切に必要に応じ，一斉学習とPeer Learningとをコーディネートしながら練り上げていくことが必要となってきます。そのことについては次項で詳述しますので，ここでは，上記三つの観点から考えます。

❶ 互恵的協働

　共同と協同と協働の違いは何でしょうか？　熟語を作ってみるとよくわかります。「共同」は共同浴場とか共同開発とかで「同等に一緒に」という意味合いが強いです。協同は協同組合とか産学協同とかで，「力を合わせて」ことにあたる語感です。協働は，ALの観点からはcooperationよりも協働collaborationの意味合いを強く持たせ，互恵的reciprocalでシナジーsynergy（相乗効果）や創発emergence（総和以上の思いもかけぬ発展が突如現れるような現象）までも期待できる関わり合いと理解したいのです。ですので，協同授業という用語でALを表す先行研究もありますが，ここでは，「たし算」の原理から脱皮し，時には「かけ算」あるいはそれ以上の効果への期待の意味合いを込めて「互恵的協働」と表現しています。

さて、そもそもお互いに便益があるとはどういうことでしょう。式と答えしか書いていないノートをもとに交流してもアクティブに深まっていくことはないでしょう。やはり、自分が考えた筋道が記録されていて、様々な図が工夫されていて、自分らしさが表れていて初めて、表現したくなるのではないでしょうか。

そして、自分にないものを見つける楽しさ、わかったと思っていたことが友達との交流の中で逆にうまく表現できないことに気づき、さらに深く考えようとする活動などは一人ひとりの考えが大切にされるノートがあって、そこに思考の足跡が残っていて初めて成立するものだと思います。

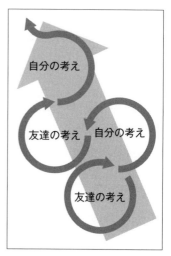

つまり、互恵的協働学習とは、考えの交流によって自分の考えを自覚し、他者の考えの理解とともに、自分の考えを更にブラッシュアップしてまた相手に伝え返していくという上昇の無限ループだといえます。そのいくつものループが更に絡み合い連動して大きなうねりを創りあげていくのが、本当の意味での「練り上げ」活動といえ、新しい用語で表現すればそれはディープアクティブラーニングであると言えるでしょう。心理学の分野でも、奈田・丸野（2011）の実験により得られた知見「他者から提示される異なる考えをふまえ、それに自己省察を加えるという2条件の組み合わせを行った条件においてのみ、新たな知を構成しておかなければ解きにくい場面であっても、知識改善の程度が維持されている。」は注目に値します。

❷ クリティカルシンキングの重要性

クリティカル・シンキング（critical thinking）は、「批判的思考」と訳されますが、それは単に「批判」する思考ではなく、物事の本質を見抜く力と

しての思考力を意味しています。言ってみればある意味カントの批判哲学の批判に相当する深さがあると考えますが，その根源は，「あーでもない」「こーでもない」と内省吟味する内的口論などの精神機能を出発点として「あれ？本当にそうだろうか？」「もしそれが正しいとしたら…」のように，物事をうのみにせず，論理的に心理の追求に向かって絶えず問い続けるメタ認知とその姿勢といえるでしょう。

フィンランドでは，授業中にたえず，Miksi？（なぜ？）と問う活動が重視されていることから学力向上に効果を上げていることは有名です。「なぜ」はよく，3つあると言われています。第1のなぜは「原因」を問う。第2のなぜは「行為の理由」を問う。第3のなぜは，「信念の根拠」を問う。の3つです。

筆者は，よく似たことを帝京大学教授の清水静海氏が講演で次のようにまとめておられたのを記録していました。受売りで恐縮ですが，かみ砕かれていて有用と思いますので，書き留めさせていただきます。

第1のなぜ … 「なぜそう思ったの？」
　着想や方法に気づいたきっかけや動機を明らかにすること
第2のなぜ … 「どうしてそう思うの？」
　根拠となることを明らかにし、それに基づいて述べること
第3のなぜ … 「なぜそれが聞きたいの？」
　質問したりコメントしたりする理由を明らかにすること

この3つのなぜを授業で大事にしていくことが普段の授業の中でクリティカルシンキングを培い，言語力を高めるのに有効であるとお勧めしたいです。
これらの「問い」が学級文化の中で，自然に満ち，アクティブにコミュニケートされるなかで，言語力・思考力・判断力・表現力が育っていきます。
集団解決場面がアクティブラーニングになっているかどうかの一つの指標

は，これら，「なぜ？」「どうして？」というお尋ねが満ち満ちてコミュニケートされているかどうかです。筆者が先ほど，「いいですか？」「いいです」という声をそろえたやりとりがさみしいと書いたのはそういう趣旨からです。

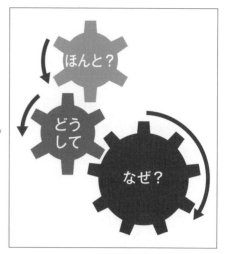

❸ オーケストレーション

「教師」を英語でどういいますか？と聞かれるとティーチャーですと答えるでしょう。しかし「—」で終わるほかの言葉で「教師」の役割を表すこともできるでしょう。時にはコーディネーター，時にはファシリテーター，時にはプロンプター，時にはカウンセラー，時にはインストラクター，時にはデザイナー，時にはアドバイザー，またある時にはドクターでさえあるかもしれません。この様々な役割の意味を解説するには及ばないと思いますが，筆者は中でも，ALを考える時，コンダクター（指揮者）の意味合いで，集団解決の教師の役割を考えています。

---

①机間支援で一人ひとりの思考過程に着目し，個性を把握する。
②一人ひとりの記述に丸を付けたり励まし，交流や発表への勇気を与える。
③どの子どもから活躍させるかの順序性を考える。
④発表の中で，ストップモーション法などを適切に取り入れ，全員でのオーケストレーションをコーディネートする。
⑤説明力，表現力，言語力を育てようとすれば，発表ボードに書き終わった考えをなぞっての発表の羅列は避けて，高学年では特にリアルタイムに絵や図を書きながら説明していく場面を増やすようにするとよい。

ストップモーション法とは，発表している子どもが自分で発表を止め「ハイここからは，私はどのように説明しようとしているでしょう」のように子どもが子どもに問う相互指名の方法のことで，筆者はそのように呼んでいます。
　この方法のメリットは，発表に対する主体的なかかわりが一層増すだけでなく，実は想像していた考えと違うことがしばしば体験されることです。それによって理解が深まったり，多様なものの見方が培われると同時に，式のよみなどのリテラシーの能力の伸長も期待できます。
　低・中学年の初期の導入の手立てとしては，教師の方で，適当な場面でストップをかけて「次はどのように説明すると思う？」のようにコーディネートしていくことも考えられますし，「まず」「次に」「だから」のように文節ごとに分業させるリレー発表のような工夫をしている学校もあります。いずれにせよ，形式的にならず，より多くの子どもが自我関与した能動的な対話的実践となるような環境設定を行います。
　ヘルベルト・フォン・カラヤンの目をつぶってタクトを振る指揮スタイルは有名ですが，レナード・バーンスタインは，晩年たどり着いた一つの到達点として棒を振らず，一人ひとりの楽団員に，目配せだけで指揮をしたことがあったそうです。一人ひとりの個性とよさを知り，信頼した結果，最高の境地にたどり着いたのではないでしょうか。
　我々教師も，子どもの活動が最大限に引き出される笑顔のアイコンタクトだけで子どもたちが，能動的・自律的・協働的にシンフォニーを奏で出すような授業をめざしたいものです。
　筆者は安野光雅記念館のプラネタリウムに行った時の解説で「お日様が沈むと星々の輝きは見えてきます」という言葉を聞いた時にはっとしたことがあります。教師は，いつもお日様のように子どもたちを明るく，元気に照らすべきですが，思考過程というものに目を向けた時，子どもたちの本当の輝きと，そのつながり（星座）を見ようとすれば，少しバーンスタインのように，手を振るのをやめて，子ども達との信頼関係の中でオーケストレーションを楽しむポジショニングを試してみる必要があるように思います。

2 ピア・ラーニングのコツ

❶ 第1：形にとらわれないこと

ペア学習はここ数年で急速に広がりましたが，教師自身が，大学で学んだことのない方法であったり，自分自身が小学校を含め学生時代に体験していないこともあって，誤解が多い指導法であるとも言えます。

ある学校で右のようなマニュアルに遭遇しました。記憶にある限りで再現したものです。読者の皆さんはどのように評価されますか？

どうでしょう…。いいことも書いてあるのですが，大人だとうんざりしてしまうと思います。約束事が多すぎて，肝心の深い学びに至るのかが心配ですし，何のためのルールなのかが子どもにも伝わりにくく，堅苦しい学習のイメージがつきまといます。

> ？ペア学習の仕方？
>
> ①ペア学習を始めるときは二人で同時に「始めます」と言ってはじめましょう。
> ②発表する人と聞く人に分かれましょう。
> ③発表する人は，「説明しましょう」と言って始め，説明しながら，ノートを指さしたりしましょう。
> ④算数の言葉を使って説明しましょう。
> ⑤聞く人は「はい」と言って聞き，うなずいたりあいづちを打って聞きましょう。
> ⑥相手のノートやプリントをしっかり見ながら聞きましょう。
> ⑦自分の考えと比べながら聞きましょう。
> ⑧自分の考えを書き直したりしてはいけません。気づいたことは書きくわえましょう。

初めてペア学習を導入するときにはある程度の手順の説明が必要かもしれませんが，礼儀作法のような形式が大事なのではなく，そこで交流したいという動機があって，そして交流した時に得られる学び取った快感や満足感が充満しているかどうかの検証こそが重要なポイントです。

❷ 第2：成功の条件

筆者は，ペア学習が成功するための条件は，燃焼の3条件に似ていると思っています。燃焼の3条件は，第1に酸素があること。第2に燃えるものがあること。第3に発火点以上の温度があること。の三つです。この観点をペア学習になぞらえると，第1の酸素があることというのは，最も基本的な算数以外の要素で，子ども同士の人間関係があり，学級経営がきちんとできていることなどがそれにあたるのではないかと思っています。「ALふきだし法」は，カウンセリングマインドによって一人ひとりのよさを学級内に開示することによって学級内のモラールを高め，親和的な雰囲気を育むのに効果があります。筆者は，学級を担任していたころ，算数科や教科で学級を育てることを大事にしてきました。まず基本は，あたりまえですが，なんでも言い合いできる集団に育てることが前提となります。第2の燃えるものとは，よい学習材（教材）との出会いであると思います。子ども自らが考えてみたい，解決したい，面白そうだ，と思える学習材を提供することも大事な条件です。教科書のおなじみの問題であっても，ひと工夫して，教師自身が子どもの反応を楽しみにわくわくする学習材（教材）研究をして授業に臨むだけで，一つの望ましい環境は整っていると考えています。さて，第3の条件，発火点以上の温度があること。この観点が最も重要な「コツ」にあたるものかもしれません。それは子どもが熱く燃える場面設定です。そこで参照したいのが「認知的不協和」の考え方です。「認知的不協和論（theory of cognitive dissonance)」とは，人が抱いているあらゆる知識，意見，信念などと認知したものにずれや不適合，矛盾があるとそれを解消しようする傾向があるという理論で，教育現場の例で簡単に言いますと，問題解決の過程で，「あれ？」と思うことが解決へ向かうモチベーションになるということになります。「効果的な驚き」を与えることで問題解決へのインセンティブを高めようとする取り組みはこれまでも「ゆさぶり」発問などによって「心の揺れ」を発生させる取り組みとして行われてきましたが，ALの観点からは，この「認知的不協和」を感じさせた後のペア学習を，効果的なタイミングとして推奨したいと考えています。

認知的不協和を感じるということは、既習や既体験が呼び起こされているという前提があります。そこに違和感を感じるということは、その既習の知識や経験とのずれを感じているのですから、そこをどのようにアレンジすれば、この違和感を解消できるかという、思考力、「創造的思考」が働いていると考えられます。そこで工夫した考えやアイデアは、人に伝えたい内容としてインセンティブが高まっていきますから、まさにPeer学習の場面としては最適であるといえるでしょう。

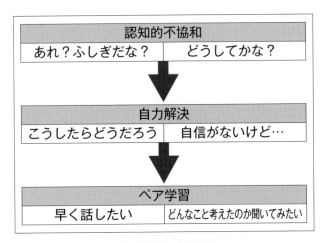

ペア学習に至る過程

　大事なのは子どもたちが対話の場面で、「話したいと思っているか？　即ち、話したい内容があるか？」ということです。子どもたちが話したいことがないと思っている時に、ペア学習を設定してもそれは表面的形式的なニセペア学習にしかならないのではないでしょうか。

❸ 第3：授業デザインとの関連

　ALもペア学習も当然のことながら手段であって目的ではありません。あくまでも目標は、自律的学習者を育てることにあり、その意味でペア学習のし方を考える際にも自己調整力をいかに育てるかについてはこだわる必要が

あります。

　自己調整学習の入門書としては,『自己調整学習の指導』(北大路書房, 2008) がお勧めです。算数科で「教える」ことも当然大切ですが,自己調整力を育成すると言う観点からは,以下のフレーズは考えさせられます。

> 教師の目標は,生徒の学習を指導する仕事から教師自身が抜け出すことである。(p.17)

> 学習は生徒のために進めるものではなく,生徒によって進められるものである。(p.21)

　どうでしょうか？　私たち教師は,教師だから教えることが当たり前,いかにうまく教えるかの呪縛にとらわれすぎてはいないでしょうか。

　上述の引用文は教師という仕事の本質は,教えることではなくもしかすると「子どもによって進められる学習の環境の最適化をどこまでも追究する仕事」に置き換わる可能性を示唆しているとも言えます。

　よく授業がうまいといわれる教師の授業を見ると,「ペアトーク」が取り入れられていることに気づきます。随所に「ちょっと隣の人と話してごらん」という指示が出てきて,見事に子どもたちはその指示にしたがって,「ざわざわ」とバズ (BUZZ) をして,すぐ粛然とまた授業に向かいます。

　この方法のいいところは,随所で取り上げにくい「つぶやき」を言語化してみせたり,一人でみんなの前で発表するのにはまだ自信のない子どもがとりあえず隣の子にしゃべってみる環境設定です。しかし,筆者は上記の自己調整力の育成という観点から不満を持っています。

　このような,教師によってコントロールされたペア学習は,少なくともPeer学習の本質とは少し遠いところにあるということです。

　教師のコントロールのもとにない,自由な雰囲気の中でのペア学習の中で生まれるものが何なのかに着目してみる必要があるように思います。

　ペア学習の極意をまとめますと，第1に，子どもに任せきること。その時間は子どもだけの学び合いの価値を信用しましょう。第2に，ここという場面で仕掛けます。認知的不協和に配慮し，「あれ？」「どうしてかな？」という考えるモチベーションが高まり，誰かに伝えたいことが湧き出てくる時に交流するといいでしょう。第3には，必ず伝え合う時に媒介物がいることです。音声言語だけのあとに残らず消えて

発表ボードやノートを媒介にしたペア学習

しまう対話ではなく，ノートやボードを活用して伝え合えるようにします。第4に，この時間は原則介入不可ですが，その代わり，しっかり子どもたちの対話の様子を観察し，座席表などで記録しつつ，肯定的評価に加えて，次の集団解決場面でのコーディネート，ファシリテートの仕方を考えておきます。第5に，振り返りの場面において，交流場面での様子をきちんと思いださせ，評価させることが大事です。「自分以外の考えですごい！っと思ったことはありましたか？」などと問いかけてモニタリングを促すようにすることで，協働学習の意義を子どもたちは自然と感じ取っていきます。

4 まとめと振り返り場面の「ALふきだし法」

1 学びの連続性

　言うまでもなく断片的な細切れの知識を増やしていくのが目的ではありません。一つの問いの終結がまた新たな問いを生む無限の発展が学ぶことの意味と醍醐味です。

　まず第1に,「まとめ」という段階の設定を通常の授業では必ずします。

　これが,アクティブラーニングの視点からは,非常に留意が必要です。次の3つの質問に答えてみてください。

> ①これまでの授業では,「まとめ」を先生の言葉でまとめてしまっていませんでしたか？　(　yes　　no　)
> ②また,教科書の「まとめ」のように,収束の方向へのみ子どもを導いていませんでしたか？　(　yes　　no　)
> ③「めあて」設定の時のような,共有化の過程を大事にしたうえで,「めあて」との関連性を絶えず意識していましたか？　(　yes　　no　)

　①について考えてみましょう。「わかった」という状態は「自分の言葉で説明できる」状態のことを言います。したがって本当に「わかっている」かどうかは「自分の言葉で説明」できるかどうかで判断できるということです。言い換えますと,「まとめ」は教師の言葉や教科書の「まとめ」で「まとめ」ては意味がないということになります。

　Chapter1で紹介しました平林(2001)の論文には次のような記述があり見落とせません。

　「これまでの認識論の対象は外知識であったと言っても過言ではないが,私がここに言う「新しい認識論」の対象は,客観的・外在的な外知識ではなく,各人の中の取り入れられた内知識である。それは,その個人の主観的環

境と,既習の内知識,他者(友人・教師など)の知識との相互関連のなかで,まるで,生き物のように成長し,変化し,時には消滅し,ときには大繁茂・大繁殖する。それは,まさしく自然の中の生物の生態(ecology)に近いものと考えられる。そうみれば,「新しい認識論」は「内知識の生態学」であると言えるかもしれない。(下線引用者)」

また平林(2006)では鶴亀算の授業での様子を例に挙げ,「内知識の生態学」の実例を示しています。

一つは一人一人の生徒の内知識の生態P,もう一つは教師の内知識の生態Tとして,「Pでは,鶴亀算がどういうものかが理解され,そこに興味が持たれ,それを解こうとする意欲が生まれ,それを図的に解けることに感激し,さらにどんな個数でも解こうとする…そうした一連の知識の動き」を示し,「Tでは,頭の和をa,脚の和をbと書くことにより,亀の数=(b−2×a)÷2と一般的解法を公式化することを目指した一連の知識の動き」として,「鶴亀算」という外知識 savoir に対して,PもTも内在的に生まれた生きた内知識 connaissence であるが,その全く異なる質を持った二つの知識が,「授業という場において互いにうまく関連しあっていくことによって,授業は完成する」と述べたあと,このような一連の活動を「契約(contract)」

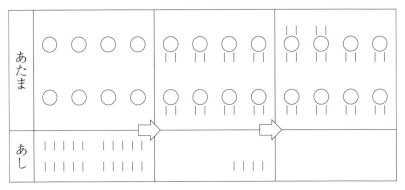

平林(2006)より

という語を使って説明しています。これ以上の深入りは避けますが、筆者は、「めあて」の設定について、教師の「ねらい」と子どもの「ねがい」のすり合わせであると主張した部分も、今回言及している「まとめ」の場面も、全てこの教師と子どもの内知識同士の「契約」と理解すればすとんと落ちるのです。

　文科省の全国学力・学習状況調査の報告書などを見ますと、教師が「授業の冒頭で目標を示す活動」をしたり、「授業の最後に学習したことを振り返る活動」をしたとしても、そのように受け取っていない児童がいることの問題点を指摘しています。

　この調査結果は、平林の用語を使えば、子どものもつ内知識と教師の示す外知識の契約化がうまく図られていないと考えることもできます。

　この平林の論文から学べるのはまさに「子どもの言うことによく耳を傾け、子どもをよく観察せよ、というのが基本的態度」であって、教師が、まとめてしまうと結局発展・拡散せずに収束してしまうような気がします。

　平林の言う内知識やフリンジに目を向け、一方で「Mikusi」と問う3つのなぜや、クリティカルな視点「いつでもそうだろうか？」「もっと簡単な方法はないのかしら？」のような発想がいつも充満するメタ認知支援をすることが、「まとめ」の場面では重要です。

　では、「まとめ」が先なのか「振り返り」が先なのかという問題が浮かんできますが、二宮（2006）では、「ふり返り」と「まとめ」の関係について「「ふり返り」*と「まとめ」とは表裏一体の関係」と説明しています。筆者もまったく同感で、次の一文は極めつきに重要と思っています。「これらが相互構成的に構築されていくことにより、学習は深化する。つまり「ふり返り」と「まとめ」は、それぞれが互いの前提になるとともに、それぞれが互いの活動に続くものにもなっているのである。このような「相互構成的な本性」は特に学習の連続性や一貫性などの視点から一連の活動を捉えようとす

＊注　ここでは二宮氏の表記法「ふり返り」を用いている

る際には，とても重要な視点」と指摘しています。まさにディープアクティブラーニングにつながる示唆にあふれた記述だと思います。

　…ということを亀岡の言葉だけで「まとめ」るのも矛盾に満ちていますがとりあえず，この部分での筆者の「まとめ」の「振り返り」は次のようなものです。

> 　「まとめ」は「めあて」の共有化と同じように，まずは自分の言葉でアクティブノートにまとめさせる。そして，その協約化を図る過程の中で，さらに考えていきたい新たな「問い」を内包するような集団的「まとめ」となるようなメタ認知支援を心掛けたい。「まとめ」つつ振り返り，振り返りつつ「まとめ」ていくといったアクティブな活動を通して内知識の形成を見つめたい。

　これまでの授業では，「まとめ」を教師が黒板に書いてノートに写させる授業を多く見てきました。例えば中高学年では次のような教師の働きかけでこの授業場面を豊かに深く，環境設定したいものです。

　「今日の算数の学びを自分の言葉でノートに書いてみましょう」
　「そのまとめを隣の人に話し，意見を交流しましょう」
　（いくつかのまとめを発表させて共有化する）
　「お話をすることでどんなことに気づいたり考えたりしましたか。そのことを振り返って学習感想を書きましょう」
　（そして，次の時間の初めに，教師がこれはと思う学習感想を紹介することも学びの連続性の意識化の上で大切です。）

2 子どものメタ認知と教師のメタ認知の関係

「まとめ」の重要性は，子どもの内面に数学的な内容や方法がどのように宿ったかを見極める意味で重要です。「振り返り」という活動とともに，自己評価活動の重要な部分を担っています。「言語力・表現力を育てるふきだし法の実践」では自己評価活動を自己意識化と自己検討の過程であるという理論を援用して，授業中，そして単元ごと，学年ごとの大きな振り返りにその自己評価能力を高める可能性について言及しました。今回はさらにそのことを拡張して，教師の振り返り（メタ認知）との関係を指摘しておきたいと思います。

評価は当然子どもの成長のために生かす評価でなくてはなりません。子ども自身の自己評価は，自己調整能力の育成にとって非常に大切な活動です。何ができるようになったのか，何がまだ足りないのか，それをどのように生

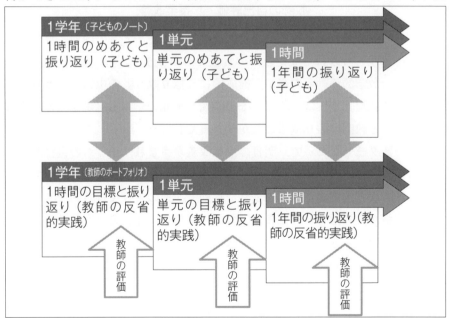

学びの連続性（子どもと教師のポートフォリオ）

かせていけるかなど，自己を見つめる視点を持ち得ているかどうかが，そして最も大切な学習成果が内に宿っているかが見える活動とも言えるでしょう。

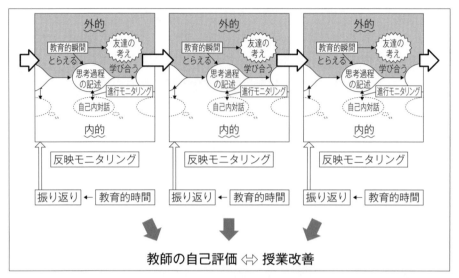

　子どもの振り返りは，子どもの自己評価ですが，子どもの内面に算数が息づいているかどうかは，また教師の責任でもあります。「めあて」で協約的にめざした数学的活動と内容が，構成的に「振り返り」の中に，子どもの言葉で表現されたとき，はじめて，その時間や単元の学習指導が意味のあるものであったと教師は振り返ることができるでしょう。

　教師のメタ認知があって，明日の授業改善が生まれ，子どもの自己評価が高まるベラスケスのラスメニーナスのような入れ子構造も大事に有しています。教師の反省的実践とはそのようなもので，そのような日常的なメタ認知支援の蓄積が真の指導と評価または評価と指導の一体化を実現していきます。

　次ページの「ふきだし指導案」素敵だと思いませんか？

　上越市立飯小学校は創立140周年を迎えた伝統ある学校ですが，「『聴く』ことを大切にし，子どもが思考する授業づくり」をテーマに研究発表会をされた時にHPにアップされた，授業者の思いがこもった指導案です。このように，教師の思いや願い，メタ認知が指導案にあふれていることが素晴らし

いと思います。指導案はどこまでも教師の頭の中で考えた案です。授業は実際やってみると必ずずれが生じます。そのずれはどこから生じるのかは、単に授業過程の振り返りだけでなく、教師のメタ認知と子どものメタ認知を擦り合わせていくこと、そして教師の願いと子どもの思いをすり合わせていくことから明らかになっていくことでしょう。飯小学校の取り組みは、「ふきだし指導案」に始まり、「白紙から始まる指導案検討会も OK」、「子ども同士のかかわりに注目して授業を観る」、「学びのエピソードを語り合い、実践に生かす」など、教員の創意があふれています。子どもの心を見つめ、聴きとるということにこだわった教育実践で、「ふきだし法」の発案者として、我が意を得たりという気持ちがしました。

　子どもが自分自身の心の声を「聴く」ことを楽しみ始める、また子どもの心の声を「聴く」ことに教師が喜びを感じはじめる、といった、教育の根源的で、最も重要な視点を明確に示されていて痛快です。この飯小学校方式の指導案や授業の見方、学び方が全国のスタンダードになっていくことを願っています。

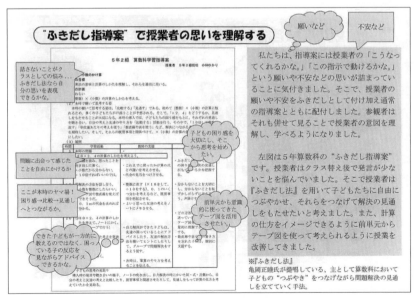

Column 子どもはいつも教師の想像を超える

1-❶の続きになりますが，この形の単元で，写真のように「どんなことがわかれば，ストローとねんどではこの形ができますか」の課題を与え，ふきだしで見通しを書かせる授業がありました。すると〈ねんどの数がわかればできる〉とか〈ちょう点が8こ〉など先生が指導案上で予想した反応が表向きには出てきたのですが，「ALふきだし法」は，思いもかけない子どもの頭の中を映していました。それは，〈ストローでねんどをのばす〉とか，〈ねんどで四角形にする〉とかいうものでした。こういった問題の理解が1人や2人でなかったのが筆者の予想も超えていました。頭の中が見えていると，この子どもたちへのフォローは一言「なるほどそういう方法を先生は気づかなかったよ。今日はね，ちょう点をねんど，辺をストローでつくるとすると，と考えてね」でいいのですが，もしこの思考が可視化されていなければ，この子

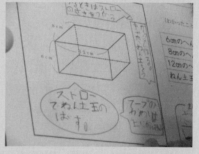
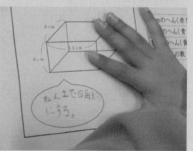

どもたちは「構成要素である点や辺の数を捉える」という中心課題の周りを這い回ったまま授業が進んでいくことになっていたはずです。

Chapter 5

評価と「ALふきだし法」

「ALふきだし法」による真正の評価のあり方について考察する。
とりわけアセスメントの重要性と，ポートフォリオの機能について再考し，数値によらない評価活動の現代的意味について考える。

1 真正の評価を求めて

1 アセスメントとエバリュエーション

　評価を考える時にはアセスメント（assessment）とエバリュエーション（evaluation）の側面を考える必要があります。D.ハートによると[1]「テスト法」を合わせたこの3つを言い換え可能な用語と理解してはいけないと言っています。アセスメントは「何を知っていて何ができるかという情報を集めるプロセス」を言い，ここでの鍵となる問いは「どのようにして，生徒の学習していることを明らかにできるか」であり，エバリュエーションは「評価の情報を，解釈し判断を下すプロセス」として，ここでの鍵となる問いは「生徒が，私たちが彼らに学んでほしいと希望していることを学んでいるか」であると言っています。後者は，教育評価と訳されていて，観点別評価などのいわゆるAやBといった評定結果が最終的にはイメージされます。

　しかし，真正の評価（authentic assessment：現実生活における課題や状況での生徒のパフォーマンスを映し出し，かつ測定するような評価）[2]の観点からは，子どもを査定したり，活動を値踏みし，価値づけのための前提条件がassessmentであるというように読み誤ってはいけないと思いますし，また，学校が効率的な学習工場であるといった「工場モデル」と同型な「品質管理をモニターするための評価ツール」である標準テストから見えるものも言うまでもなく極めて限定的であることを確認しておきたいと思います。

　今，私たちが育成したい21世紀型の資質・能力は，「知識・技能」だけでなく，「思考力・判断力・表現力など」そして「学びに向かう力・人間性など」の高度な知性です。その目標に照らし合わせて，これまでの評価方法を止揚しつつ，子どもの資質・能力のトータルを，複合的に見つめ育成するパ

---

*注1　『パフォーマンス評価入門「真正の評価」論からの提案』ダイアン・ハート著，田中耕治監訳，ミネルヴァ書房，2012

*注2　前掲書 p.144

フォーマンス評価やポートフォリオ評価の適切な取り入れが望まれているのです。

	教　育　目　標				主要な目標タイプ
	知	情	意	技	
開	・自分なりにそのことに気づく ・関連の経験を動員する ・関連した実感，体験を持つ	・自分なりにそのことを感じる ・関連した実感，体験を持つ	・そのことに注意が向く ・効力感を持つ ・関連した実感，体験を持つ	・そのことに注意が向く ・モデルのイメージを持つ ・関連の経験を動員する	体験目標
示	・意味や意義がわかる ・用語や概念が使える	・良さや味わいがわかる	・意味や意義を感じる ・意味や意義のある方向で行動する	・モデル通りに一応できるようになる	達成目標
悟	・納得する	・自分なりに良さや味わいを深める ・自分のセンスを行動に生かす	・自分なりの意味づけ，価値づけができる ・意味や価値の方向に自己統制ができる	・モデルなしで自分なりにできるようになる	体験目標 向上目標
入	・自分の人生観，世界観を構成する一部となる	・良さや味わいの深いもので日常生活を構成する	・自分なりの意味感を持って日常的にさまざまなことをやる	・行動や生活の一部となる	体験目標 向上目標

開・示・悟・入と主要な教育目標

左の表は，梶田叡一著『教育評価』*からの引用です。梶田は教育目標の分類体系（タキソノミー）と本来仏教用語の「開示悟入」とを融合させて，教育目標と評価のあるべき姿を示唆しています。

開示悟入とは，広辞苑によると「仏が衆生の知見を開き，教えを示し，悟らせて仏果に入らせること。」とあります。

梶田によると「欧米流枠組みの直輸入でなく，東洋的あるいは日本的な感覚に根ざすものへと組み換えていく（同書p.155）」必要からとなっていますが，開・示・悟・入のそれぞれの教育目標を見てみますと，アクティブラーニングの考えから，実に大切な警鐘を鳴らす表であることが読み取れます。

「示」の達成目標についてはそれなりの評価手段を持っているとは考えられますが，「開」や「悟」や「入」の体験目標や向上目標に関して，現状い

*注　有斐閣双書，2015，p.154

かにも脆弱な手段しか持っていないように感じます。しかもその部分を強固なものにしようとするとルーブリックのようなものが肥大化し，現実離れしてますます現場からは遠のくという悪循環に陥ります。

大切なのは，「悟」に関しては「自分なりに納得するまでやってみさせる」とか，「入」に関しては「生活や人柄の一部となるところまで追究させる」とかいった活動を能動的自律的にコーディネイトした上で，徹底的にその学習成果を鼓舞，応援する仕組みの確立ではないかと考えています。以下に些細ですが，その仕組みの入口を書いてみます。

2 アセスメントの重要性

「ふきだし法」では，ノートのポートフォリオとしての機能に着目するとともに，ノートに表現された思考過程や，振り返りといったパフォーマンスに対して，評価言を与えられることからパフォーマンス評価の可能性について言及してきました。

パフォーマンス評価とは「さまざまな現実的な状況や文脈で知識とスキルを使いこなせる能力を評価するためのもの」[*]。芸術・スポーツなどの世界でそのパフォーマンスに対してなされる評価をイメージしてもらったらわかりやすいです。

ただ，亀岡の考えるパフォーマンス評価は，フィギュアスケート選手のパフォーマンスを点数化するようなイメージとは少し違い，ノートに現れた内的な「パフォーマンス」をひたすら形成的に支援するというアセスメント活動を意味しています。

これまで，「知識」を平林の考えにしたがって「外知識」と「内知識」に分けて考えた上で，「能動的自律協働学習」の成立支援の観点からは，客観

---

*注 『パフォーマンス評価入門「真正の評価」論からの提案』ダイアン・ハート著，田中耕治監訳，ミネルヴァ書房，2012，p.54

的・外在的に存在する「知識」より「主観にとりいれられた状態の知識」の重要性を指摘する立場で論を進めてきました。

　それは言いかえると，「見える部分」すなわち容易に点数化できる評価も大切ですが，「見えにくい部分」，容易に数値化できない評価の重要性を示唆しているといえます。

　●（ふきだし）が子どもの主観的フリンジ，もしくは内知識の「のぞき窓」としての役割を果たしていると考えていますが，その「のぞき窓」は狭いもので，可視化できたとしてもほんの一部分しかすぎません。

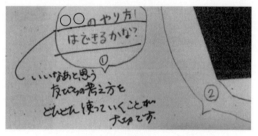

　しかし，子どもの内面の育ちを含め，丸ごと評価（真正の評価：authentic assessment）するのならば，例えば内的パフォーマンス評価といった視点も必要になってくると思うのです。筆者が提案するのは，ノートに書かれたふきだし記述に直接評価言を与え，メタ認知形成評価をすることが，内的パフォーマンス評価になると考えています。

3　授業総体のアセスメントとしてのALノート記述評価

　二宮裕之（2006）は，「ふり返り」と「まとめ」の相互構成性に関わって「学習活動と評価の一体化」という概念を提唱しています。それは，「学習をふり返り，それを評価した上でまとめること，実はこのような一連の自己評価活動そのものが，同時に学習活動の一環にもなっている」ことを「一体化」と規定しています。この考え方は，「ALふきだし法」の実践においてわが意を得たりの知見でした。「ふきだし法」では，自己評価を「自己意識化」と「自己検討」の過程と捉え，リアルタイムの問題解決時においては「進行モニタリング」として，また振り返り場面ないしは学習感想記述時においては「反映モニタリング」としてのメタ認知の自己意識化と自己検討あ

るいは相互評価の場面全体，として捉えてきました。すなわち授業過程そのものが「学習活動と評価の一体化」というように考えることができます。

二宮は「真正の評価」の視点から更に評価に対する評価「メタ評価」の視点から学習の成果を捉えなおし，本当の意味での学習の成果を「知識・技能を獲得した自分（たち）を認識していること」なのだと結論付けていることは，アセスメントという活動の絶対的な優位性を改めて認識させると同時に，21世紀型の評価活動を考える上で大変注目すべき視点であると思います。

4 評価活動の目的について

テストや評定は何ためにするのでしょう。

進級や入試に代表されるペーパーテストでは，何を知っていてできるかが主に問われます。ハイ・ステイクス（high-stakes）であるほどテストのために勉強するという学び本来の意味が逆転することもあります。

二番目は，できてないことを探し，そのことができるようになるための評価です。先ほどの「私たちが彼らに学んでほしいと希望していることを学んでいるか」という問いに答えるテストで，学んでいなければ支援したり，学び直しの機会を与える治療型評価です。

上記の二つは，何らかの形での数値化が重要なポイントです。

しかしながら，「何を知ってて何ができるか」だけでなく「知ってること，できることをどう使うかに関わる思考力・判断力・表現力」や「どのように社会・世界と関わりよりよい人生を送るか」という問い，そして究極の目標である「学びに主体的に向かう力・人間性，協調性」などの評価に，上記二つの評価だけでは太刀打ちできないのは明らかで，数値によらないアプローチも複合的に考えていく必要があると思います。

評価の目的を，ただ一つ，子どもの成長に資する，あるいは教師の授業改善に活用するということだけに絞ると，点数化する必要はないといえます。ただただ，その内面の活動を見据え，寄り添い価値づけ，応援し続ける，そ

んな評価活動があってもよいのではないでしょうか。

結果評価ではなくノートに現れたプロセスをしっかり評価し，学習感想や自己評価と合わせて更に長いスパンでのポートフォリオ評価として，いくことと，従来のペーパーテストも加えて初めて，トータルな視点で丸ごと子どもの成長を見続ける評価に近づいていきます。

真正の評価は，育てるための評価です。「どのように社会・世界と関わりよりよい人生を送るか」という問いには「私たちが彼らに学んでほしいと希望していることを学んでいるか」では包含しきれないことを学ぶ＝教師の期待をはるかに超える学びの可能性があるということを前提としているように思います。

5 自己概念の再体制化

「ふきだし法」では教師の内的準拠枠に照らした評価と支援の一体化モデルを次のように示しました*。セルフスティームは重要な他者評価によって形成されるという理論に基づくものです。

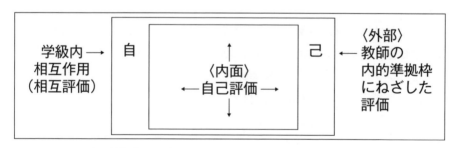

内的準拠枠にねざした情意面の評価と支援の一体化のモデル

Chapter 2 でも紹介しました蘭ら（1992）の研究によりますと，自己概念は，学業的自己概念，社会的自己概念，感情的自己概念に分類され，さらに

---

*注　「言語力・表現力を育てるふきだし法の実践」p.81

自己概念の構成要素は、①現実の自己についての規定と認識、②自尊感情、③重要な他者による他者評価、④自己の過去・未来と自己の志向性・可能性についての印象などとされています。

　学級内での児童・生徒同士、あるいは教師との関係は「重要な他者」という位置づけになります。蘭ら（1992）は、ブルックオーバーとエリックソン（1969, 1975）を援用しつつ「子どもの自己概念の形成・変容過程がまさに重要な他者からの評価を媒介とする能力の自己評価によって大きく影響されている」とし、その過程は、①重要な他者からの評価によって自己評価が修正され、自己概念が変化する段階、②それによって学習課題に対する意思決定がなされ、学習行動が成立する段階、③学習課題が達成されることによって自己の役割や能力についての自己概念、自己についての道具的価値や内発的価値を自覚する段階、④その結果として、自己概念がさらに形成・変容する段階から成り立っているとしていますが、この自己概念の形成・変容過程に関する知見は、「ALふきだし法」にとって重要な論点を与えてくれます。

　それは、自己評価は個人の中だけでなされるものでなく、重要な他者、すなわち教師や学級の友達の評価によって絶えず修正が加えられるという視点です。

　そのことは例えば、算数に対しての否定的な自己評価が修正されるためには、教師や友達が、共感的・肯定的にかかわる必要があるということで、カウンセリング的な雰囲気が重要な要素でもあります。「ALふきだし法」では、自分の考えをまず客体化し、自己受容した後、表出され、他者による受容と共感的・肯定的評価によって、自己の考えが再検討され、内発的価値が自覚されていく。その繰り返しによって内的準拠枠が組み直され、問題解決に意欲的に向かう情意と肯定的なメタ認知が形成されていくと考えています。

　さらに文化的実践への参加や正統的周辺参加という考え方に立脚するならば、そもそもアイデンティティの形成過程そのものが学習であり、学習と自己評価の活動は一体化しているといえます。また学級の中においては「他者」と「自己」が一体化した真の学びの姿を追い求めていきたいと思います。

2 ポートフォリオアセスメント

　総合的な学習の時間で市民権を得たと思われるポートフォリオですが，新しいアセスメントのツールとして，再度全ての学習の場面でその機能を活用していくことをお勧めします。

　総合学習や他教科では学びの履歴をノートを含めファイリングすることでその機能を持たせようとすることが多いです。ただ，情報を蓄積していくだけでは，単なる保管庫かアルバムになってしまします。これまで述べてきたように，授業後や単元を終えてなどのように適切な自己評価と相互評価を足跡として残していく必要があります。

　算数科では，その機能をアクティブノートとアクティブ板書によって担わせることができます。ポートフォリオの目的について前出の D. ハートは次のようにまとめています（前掲書 p.33）。

---

①教師が生徒の成長と進歩を評価できるようにする。
②保護者と教師が生徒の作品についてより効果的にコミュニケートできるようにする。
③教師と指導主事が教授プログラムを評価できるようにする。
④生徒が評価プロセスにおいて教師とパートナーになることができる。

　小学生のこととして描かれたものではないですので，ちょっとイメージしにくい面があるかもしれませんが，筆者なりに解釈を加えます。

　①については，「ふきだしノート」に記述された内容を子どもの「学びの文脈」として受け止め，「何を学び取ったか」という観点では，知識や技能の定着だけでなく，その学び方「どのように学び取ったか」や「何ができるようになったか」そして「これからどのように学んでいきたいか」といったことに関する情報を読み取ろうとすることが大切です。読み取るためにはそ

のような情報がたくさん詰まった学習感想が記述され自己評価されるよう，進行モニタリングの観点を授業と関連して価値づけていくことも重要です。そして少しでもその進歩と成長を読み取ったら，赤ペンや声掛けによってフィードバックしていくことも大事な評価活動です。

　②については，アクティブノートを基にあるいはアクティブ板書の写真などとともに，懇談会などで，記録を紐解きながら，今学期の成長を保護者とともに共有していく場面設定があるといいと思います。アクティブノートは子どもの一つの「作品」と受け止めることが大事です。そこから毎日のノートを保護者が見てくださるようになるかもしれませんし，懇談会を待たずとも学級通信や連絡帳などで子どものよさをともに見つめていくことも必要な努力であると思います。筆者は授業中の写真を時折撮って子どもにプレゼントしていました。そこから生まれるコミュニケーションには，また違った情報が含まれることもありました。

　③については，教師のメタ認知に基づく反省的実践が不断に続けられることをイメージしたいです。メタな視点が鍛えられるのは日本の場合，授業研究というイベントでしょう。よく研究授業で学習指導案の検討会が綿密に行われることがありますが，筆者はあまり重きを置かない考えです。なぜならその指導案は，教師の外知識や内知識に基づいて構成されるので，子どもの内知識や内面性に基づいたものとピッタリであるかどうかはいくら議論してもわからないからです。それよりは，教師が「学ばせたいこと」のラフスケッチとして事前準備は軽くしておいて，そのエネルギーを事後の検討と，授業改善，カリキュラム改善に生かして次の授業につなげる方がはるかに生産的で反省的です。なぜ子どもの思考とこの発問はずれたのか？　教師の発問の意図は伝わったのか？を子どもの発言やノートを基に分析し，それを次の授業にしっかりと生かしていくシフトが必要です。往々にして，教師は授業を始めるまでに大きな努力をしますが，終わった後はホッとしてしまうことがあります。そのことが原因で，毎年同じ教材を教材研究しても，同じような反省会を繰り返し，少しも進歩していないように見受けられる学校は少な

くありません。学習指導案はあくまで「案」で，子どもの実態によって柔軟に対応できる「**アクティブ指導案**」の発想が切望されます。その教師の力量は，毎日の子どものノートの点検から見える情報と板書の情報による振り返りという毎日お米をとぐような実践がその職能アップに直結しています。それができるようになれば，指導案通り授業時間をだらだらと時間延長することや，無理やり時間がないのに指導案通りに練習問題をねじ込もうとすることも減ってくるでしょう。授業途中で，弾力的に発問を変更できますし，「めあて」の表現もより的確なものに変えたりできます。また「めあて」を共有化するタイミングだって自由に変えられることに気づきます。場合によっては，「そうなんです。今日のめあてはこれだったんです」といって，授業の後半に登場する「めあて」があったっていいなんていうことを根拠を持って説明できる職能が身についてくるように思います。筆者は，「案」は「案」であり，やってみたら子どもの頭の中は違っていたということに気づく教師のメタ認知をもっと大切にすべきと思っています。なぜならその気づきは，子どもの内面性に肉薄できたことの証左なのですから。

　④については，小学校ではなかなか難しいかもしれませんが，一つはノートを基に一人ひとりとカウンセリング的な懇談会のような個人面談が取れることが理想かもしれません。記述内容を理解したり解釈したりすることはできますが，記述が得意でない子もいますし，書かれていることと，思っていることが乖離している場合もあります。授業中の様子やシンプトムなどの情報とともに真正の評価につなげていくには，多面的に子どもを理解する努力が大切です。かといって教師の時間は有限ですので，学習感想の毎日の赤ペンやり取りがそれを補完します。まるで子どもとの交換日記のように継続していくと内面が少しずつ理解できていく側面もあります。

　もう一つの観点は，教師にとってパートナーであるということは，内面を教えてくれる教師の教師の役割も持ちうるということです。これまでもよく言われた子どもとともに育つ教師の姿が，もしかしたらマクロな指導と評価の一体化なのかもしれません。

子どもが「ALふきだし法」を評価するとき

　自己調整学習とは，学習者が，メタ認知，動機づけ，行動において，自分自身の学習過程に能動的に関与していることで，思考や感情，行動を自ら引き起こし，知識やスキルの学習がうまく進むよう，これらを組織的，計画的に機能させていくことでした。そう考えると，日々取り組んでいる「ALふきだし法」という学習の仕方そのもののメタな評価を，単元終わりとか，学期終わりや学年終わりにさせてみると，その子どもにとって，この学習デザインがマッチングしているかどうかが見えてきます（この時，成績に関係がないことをきちんと伝え，正直に自己開示できる雰囲気をつくることが大切です）。

　5年生の単元終わりで出たうれしいメタ評価を紹介しましょう。

　「ふきだしを使った授業はとてもわかりやすかったしかんたんにできてうれしかったです。（中略）だんだん授業が進んでいくうちにちょっとずつちょっとずつだけど発表できるようになりました。今までふきだしを使う授業はありませんでした。だけどそのおかげで少し授業の算数が楽になりました。いまでも頭の中でふきだしを使っています。」

　「友達や自分が思ったことがわかる。もしふきだしがなかったらいつできたとかがわからない。だけれどもふきだしを使えば，いつできたか，自分と比べたところとかわかる。」

　「慣れてきたら自然と鉛筆が動いてきて，一気にとけやすくなりました。ふきだしを使うのすごくわかりやすかったです。」

　「とくにふきだしを使ってやるのがわかりやすかったし，やりやすかったです。自分のその時その時の気持ちを書けるからいいです。」

　「算数の授業で初めて面白いと思いました。まちがっていたけど，まちがっていたからよかったかも！だってまちがえたことにきづいたし，また新しい考えが見つけられるから…。（中略）勉強でうれしくなったのは久しぶりです。」

　「ふきだしを使った授業はとてもわかりやすかったしかんたんにできてうれしかったです。（中略）だんだん授業が進んでいくうちにちょっとずつちょっ

とずつだけど発表できるようになりました。今までふきだしを使う授業はありませんでした。だけどそのおかげで少し授業の算数が楽になりました。いまでも頭の中でふきだしを使っています。」

　やはり筆者が何よりうれしかったのは，算数が面白い，授業に「参加」できるのがうれしい，という評価が多数書かれていることです。ここには自分もやればできるんだという自己効力感に満たされた「参加する」算数の学習に対する満足感があります。このような学習を積み重ねていくことで子どもたちは自信に満ちた学習を主体的に進めていけるようになります。

　思考過程を書いてみることは，子どもたちにとって初めてである場合は，若干の抵抗がある場合もあります。この5年生のクラスでも「ふきだし法」を導入するまでは，考えの過程をノートやワークシートに書くことはほとんどされていないようでした。しかし，書けなかった子も，簡単なことでも書いていいと言う雰囲気や，友達のモデリング*によって，全ての子どもたちが，少しずつ書くことになれるに従って，集団思考での考えが進みやすくなるとともに，「わかり方」が「わかって」きていることが読み取れます。

　もちろん全ての子どもに，この授業デザインがマッチングしているとは言えないでしょう。その子に合った「学習の仕方」が少しずつ見えてくるのも「ALふきだし法」のメリットでもあります。

　はじめは大変だったアクティブノートの点検も子どもの楽しそうな様子や成長が読み取れるノートが増えだすと，ノートを見るのが毎日の楽しみになってきている自分自身を見つけることでしょう。

＊注　Modelling：他者（モデル）の行動やその結果を観察することにより，観察者の行動に変化が生ずる現象（「心理学辞典」北大路書房による）「そうすればいいんだ」「○○さんみたいにやったらできた」のようなピア・ラーニングの過程でのふきだしは特に重要です。

付録 「ALふきだし法」Q&A

「ALふきだし法」がうまくいく最初のStep4

Q
「ALふきだし法」を試みたいのですが,時間がかかってなかなか授業が進まないのではないかと心配です。

A <u>自律的な学習ができる子どもに育てる</u>には,時間がかかることは確かです。しかし教えられたことしかできない子どもではなく,自ら学習を能動的に進めていく習慣が形成されてしまうと,あとはスムーズに学習が進み出します。そのような軌道に乗るまでには次の1〜4のような手順をとることをお勧めしています。

Step 1

まず,年間指導計画の中で,問題解決型授業にふさわしい単元や取扱時間をピックアップします。例えば文章題単元や,各単元の導入場面などです。そして用意した2冊のノート(1冊は「ALふきだし法」用,もう1冊は通常ノート)とともに授業方法を選択的に採用していきます。このことは技能習熟の場面や練習の場面では効率よく指導する必要があることも同時に意味しています。

Step 2

つぎに,「ALふきだし法」による授業では,通常の範例問題⇒練習問題というパターンを脱皮して,一問を一時間かけてじっくり取り組ませるようにします。「ALふきだし法」は,算数科の力とともにいわばメタ認知エンジンを持った協働学習集団を育てる授業デザインです。時間をかけてもそれに見合う21世紀に通用する成果が表れてきます。

Step 3

　では，その時の練習問題はいつ扱えばいいのでしょう。それは，宿題を工夫して家庭学習として課題化します。つまり，練習問題をワークシートにして「ふきだし」を使って思考過程も書いてくるように指示します。そうすると，授業中に学んだ考え方のよさが表れているかとか，つまずきの在り様まで可視化される宿題に変わります。授業時間と家庭学習が「ふきだし」でつながり，主体的な家庭学習へと質が変化していくことを感じだすことでしょう。

　つまり，「ALふきだし法」による問題解決型，構成主義的授業では，必ずしも，その45分以内に習熟まで求める必要がないということです。欲張るとアブハチ取らずになってしまいます。

　授業のねらいを定め，思い切ってそのねらいが達成できる授業デザインを描くべきでしょう。

Step 4

　実践を続け「ALふきだし法」のよさが教師と子どもともに実感されるようになってくると，「ALふきだし法」的な展開がだんだんと教師が意図していなかった場面でも生まれるようになってきます。つまり，いつの間にか「ALふきだし法」の授業と特に意識しなくとも，普段の授業の中で考え方，思考過程，メタ認知に学び合う姿が見られるようになってきます。その姿が<u>教科を越えて色々な場面で発現される</u>ことが学級が育ちだしている指標となります。メタ認知教授法を複数の教科で同時に組み込むことも求められています*。

　また，子どもからの求めに応じて「ALふきだし法」で授業を進めるということもあるでしょう。その時点では，子ども主体でしかも充実した内容で授業が進み，もはや時間の問題は考えなくていいレベルに到達しています。

＊注　『メタ認知の教育学―生きる力を育む創造的数学力―』OECD教育研究革新センター編著，明石書店，2015，p.157参照

付録 自己意識化と認知の階層性の問題について*

1 客体としての「ふきだし」

スポーツ選手は，自分のフォームを鏡に写し，その自己修正を図ることを日常的にしている。

それぞれ人間は自分の体を自分自身と感じ，その動きをコントロールしているが，自分はまっすぐ手を伸ばしているつもりでも，鏡に写してみると実際には斜めになっていることに気づくことがある。このメカニズムをもう少し分析的に見ると，まず自覚されている自己の身体的イメージがあり，鏡像の知覚によって，そのイメージとのずれが認知されて修正されるということになる。

このアナロジーは第1に，自己評価は「鏡像」の役割を果たす客体の必要性を意味している。

自己の思考活動をモニターしたり，コントロールしたりするためには，自己の思考を客体化し，それを認知する過程が必要となる。

式と答えだけでなく，思考の過程そのものを意識化できる「ふきだし」は，自己評価の可能性を，拡大すると考えられる。

2 鏡像段階と自己意識の階層性について

「ふきだし」に現れた思考の客体化の問題に言及する前に，ラカン(Jacques-Marie-Émile Lacan)のいわゆる鏡像段階とロジカルタイピングについて整理しておきたい。鏡像段階とは，次の三つの段階である。

〔第1段階〕
幼児は鏡にうつる像を実在的なものとして，あるいは少なくとも他人の像

---

*注　算数科における「ふきだし法」の指導法的意義について「Ⅱ　～自己概念の形成・変容過程と「ふきだし法」～」(2009) より抜粋

として反応する。
〔第２段階〕
　幼児は，この像に現実の像として反応しなくなり，鏡の後ろに隠れている他人をつかもうとすることがなくなる。
〔第３段階〕
　幼児は，この他人を自分自身の像として認めるようになる。

　ラカンは，鏡像段階を生後６か月から18か月の間に見てとっているが，鏡の中に自己を認知するのはおおむね上記３つの過程を通じてなされる。

　「…その後になって初めてわたしは他者との同一化の弁証法の中で自分を客観視したり，言語活動がわたしにその主体的機能を普遍性の中で取りもどさせたりします。(『エクリ　Ｉ』　p126)

　メルロ・ポンティ（Maurice Merleau-Ponty）は，鏡像段階を次のように解説する。

　「幼児は〈鏡の中のあそこに見える自分の身体の知覚像は自分ではない。なぜなら自分は鏡の中にいるのではなく，自分を感じているここにあるのだから。〉ということを理解しなければならず，また，第２に〈確かに自分は鏡の中のあそこにいるのではなく，内受容性によって感じられるここにいるのではあるが，それでも自分は第三者には「自分を感じているこの地点に」鏡が見させてくれているとおりの視覚的姿をとって見えるものだ〉ということを理解する必要があります。」(『眼と精神』p.152)

　引用は，「幼児の対人関係」からである。幼児にとって身体のイマーゴ「寸断された身体像」がただ認知されるのみの内受容的自我が，可視的自我「鏡の中の私」に移行することはナルシシズム機能の獲得と同時にまた自己

観察機能の可能性も出現させることになる。自己と自己についての言明はロジカルタイプが異ならなければならない。

SelfのSeが本来3人称を意味しているように、根元的に自己は他者として出現する。ラカンによれば、鏡像の引き受けは、身体の統一性と自己疎外の出発点であるが、ここに自己像を客体化しうるロジカルタイピングの起源が存在する。

ところで、ロジカルタイプとは、フレーゲ（Frege, G）の文の関数的表現 $\Phi(A)$ のAの個所に関数Φを代入した$\Phi(\Phi)$のパラドックスを解決するために、ラッセル（Russel, B）とホワイトヘッド（Whitehead, A, N）はロジカルタイプセオリーを提出した。あるxが有意味であるような対象の領域を限定してタイプと呼び、直接の対象である個物を第1のタイプ、個物の集合（関数）を第2のタイプ、個物の集合の集合を第3の…とし、タイプのことなるものを混同してはならず、主語と述語は別のタイプに属さなければならない。［述1（主0），述2（主1）……述n（主n-1）］というものである。

記号論理学において、クラスとメンバーが異なるレベルにあり、この混同がパラドックスを生むという理論をサイバネティックスに応用すれば、メッセージとメッセージの記号化についてのメッセージとはロジカルタイプが異なるという帰結が導かれる。このことは「学び方を学ぶ」という構造についても明確なアスペクトを与えることになる。

ベイトソン（Gregory Bateson）によると学習にもロジカルタイプが存在し、認知の認知ということについても精神の階層性を仮定することになる。

「コミュニケーションと学習には、いろいろなレベルのロジカルタイプが含まれる。単純なメッセージは、第1レベルまたはゼロレベルの学習に属する。メッセージを一つの集合またはコンテキストに属するものと考えることは第2レベルの学習である。（中略）プログラムされ直すのは、学ぶことを学ぶという第3レベルの学習である。どのレベルも先行レベルよ

りも高いロジカルタイプに属する。」（ベイトソン『精神の生態学』p.392)

しかしながら，重松（1990）は，「メタ認知は，認知を調整するものと考えられたが，メタ認知自身を調整するものはなにか，どのメタ知識を援用することが適切なのかを判断するものは何かということを考えるとメタメタ認知を考えなければならなくなる。ということは無限の階層の連鎖を生じて，実践に有効に利用できなくなる恐れが出てくる。（中略）認知とメタ認知は階層をなすものではなく，同じ次元の２つの部位を占め，活動に応じてラジオの周波数が合うように，それぞれの機能を発揮すると考えている」としている。

3 自己意識の階層性と非措定的（非定立的）意識

自己意識の階層性をどのように理解すべきなのだろうか。

サルトル（Jean-Paul Charles Aymard Sartre）は，自己についての意識は，対象についての意識のありかたとは区別し，前者を非措定的（非定立的）意識，そして後者を措定的（定立的）意識と呼んでいる。

この現象学的な規定を参照すると，この無限遡行の問題についてのパラドキシカルな構造を回避できると考える。

フッサール（Edmund Gustav Albrecht Husserl）は，あらゆる意識は，何者かについての意識であるとしたが，サルトルは，シガレットを数える場合，なんら措定的意識を持つ必要がなく，私は私を数えるものとして認識するのではないとする。少し長くなるが，『存在と無』から引用する。

…それらのシガレットが12本として私に開示されるとき，私は私の加算活動について，ひとつの非措定的な意識を持つ。事実もし誰かが私に向って「あなたはそこで何をしているのですか」と尋ねるならば，私は即座に

「かぞえているのです」と答えるであろう。（中略）反省が，反省される意識を，それ自身に対して顕示するのではない。全く反対に，非反省的意識が反省を可能ならしめるのである。反省以前的なコギトがあって，それがデカルト的なコギトの条件をなしているのである。同時にまた，数えることの非措定的な意識こそ，まさに私の加算可能の条件なのである。（『存在と無』pp.28-29）

さらに，

「なるほど。だが循環がある」と人は言うであろう。「なぜなら，私が数えることの意識をもちうるためには，私が事実上数えているのでなければならないのではないか？」と。（『存在と無』p.29）

対象に対して，意識をもつためには自己意識がなければならないし，自己についての意識があるためには「自己についての意識」についての意識がなければならないという無限遡行的問題に陥らざるを得ない。しかしサルトルによると，循環があるように見えるのは「数えること（についての）意識」と，「数えること」あるいは「数える意識」を二元的なものとして考えるからで，「数えることについての意識」は，「数える意識」と別の意識なのではなく，自己についての非措定的（非定立的）な自己意識を次のように結論付ける。

かかる自己についての意識をわれわれは，ひとつの<u>新たな意識だと考えるべきでなく</u>，何ものかについての意識にとって，<u>唯一の可能な存在のしかただと考えるべきである</u>。（『存在と無』p.30）

ここまでの論点を整理すると，①ラカンの鏡像段階を参照すれば，精神にロジカルタイピングが生じるのは鏡像を自己像として引き受けたその時であ

る。②ベイトソンの知見によると学習にも次元の異なる学習が存在し，階層的である。③しかし，自己意識に関してはサルトルのいわゆる非措定的な自己意識を参照すべきであり，「意識はそれ自身によってしか限定されえない」ということになる。

　ラカンの思考様式は「構造」であるが，ロジカルタイプは，無意識的な構造が存在するための論理的要請と位置づけられる。
　このことをベイトソンはブザーのアナロジーで見事に説明してみせる。「接触すれば電磁石は働く→磁石が働けば接触は切れる→接触が切れれば磁石は働かなくなる→磁石が働かなくなれば接触がなされる…」という因果関係と「～ならば…である」と混同してはならず，論理は因果関係のモデルとしては不完全であることを示した。
　すなわちロジカルタイピングはシステム内のコードとメッセージのなどの共時的分析には当てはまるが，システムの状態に適合しない。図と地の要素は同一のロジカルタイプに属するが，枠組みを作るメッセージは異なる諸項を分割する境界線となることを人間のコミュニケーションのパラドックスとしてとらえている。

　ベイトソンは，論理階型の「破れ」が存在することを人間の様々なコミュニケーションの様式で示して見せた。遊び，ユーモア，欺瞞，からかい，分裂病…等々である。
　一方ゲーデル（Kurt Gödel）は，不完全性定理の証明でパラドックスをロジカルタイプによって回避したとしても，なおかつそのタイピングが破らざるを得ないことを示している。
　自己言及の形式体系は，ロジカルタイピングの限界性とともに存在する。柄谷行人は著者『内省と遡行』において，「図」と「地」というアナロジーを示したが，自己意識と意識されるものはあたかも「図」と「地」の関係で一方が意識された浮かび上がったとたん，一方が存在するための「地」とな

るように，措定的自己と非措定的自己をとらえることは乱暴なのであろうか。
　いささか，哲学的な領域に踏み込みすぎたようにも思えるが，ここまで考えを進めてくると，重松の上掲した指摘は，誠に啓示的であると言えよう。

　これらの知見を総合すると「ふきだし法」によって意識化される思考過程は，非措定的な自己意識を前提とした措定的自己意識であり，サルトルは「意識の中に対立の法則を導入してはならない」という。そうなると，メタ認知といわれる「意識」は意識される対象と二元的もしくは階層的なものでなく，現象学的存在論へと接近することになるという事実である。
　この論理的帰結は，我々にどのような教育学的意味を与えてくれるだろうか。それは自己の思考をたどること，反省的思考と，いわゆるコギトとの，別物としての考察を無意味化してしまう，一人ひとりの存在そのものを問う実存的営みであるということである（この問題に関しては，西田幾太郎の「直接経験」に対する「反省的意識」という氏独自の哲学も参照しつつ考察すべきであろう。別の機会に改めて記述したい）。

　算数・数学の学習に意義を見いだし得ない生徒が増えていて，学力調査の特に文章記述，説明を要請する問題にそのことが表れている現実がある。一人ひとりの，素朴に考えることの大切さを気づかせ，一人ひとりの思考のありように迫り，支援する人間的な指導が求められている。「学力」の低下問題で，様々な繰り返し練習が強化されようとしているが，人間本来の「考える」意味を大切にした指導を充実させていくことを忘れ去った学習を続ける限り，無関心であったり，回答しようとしない無気力な学習者をどこかで産み続けることになってしまうことを憂慮するものである。あえて，今回の研究で哲学的な指導法的意義についてシフトした考察を行ったのは，そのような危惧をぬぐい去れないからであった。

おわりに

　「ふきだし法」の嚆矢的研究は，1989年第71回日本数学教育学会千葉大会で発表しました「思考過程を重視した指導に関する研究Ⅰ」にまでさかのぼります。今日まで実に四半世紀以上の時が経過しています。

　四半世紀前の算数科の教科書には，若干の「ふきだし」表現はあったものの，算数授業のノート指導や板書指導はもとより，授業システムそのものに「ふきだし」を活用する先行研究は皆無の状況でありました。

　思考力（思考過程重視），判断力，言語力，表現力の育成，ユニバーサルデザイン，アクティブラーニング，メタ認知の重要性，…など重視される教育の流れを俯瞰しますと，25年の時を経てようやく「ふきだし法」の真の指導法的意味が問われようとしている気がします。

　伊藤若冲は「千載具眼の徒を俟つ」といったそうです。唐突に江戸時代の天才絵師の話をもちだして何をと思われるかもしれませんが，何の流派にも属さず，オリジナルにその作風を確立した若冲のこの言葉になんとなくその気持ちがわかるような気がしています。

　本書で主張するアクティブラーニングは，21世紀の教育を見通したとき，流行ではない不易の価値を持つ学習理念だと考えています。

　今回筆者は，アクティブラーニングの視点から新たに「ふきだし法」をブラッシュアップし，21世紀型の「ALふきだし法」としてその授業デザインを提案しました。

　千年とは言わずも，不遜ながら人工知能付きのロボットが，人に代わって多くの役割を果たしているであろう何十年の後にも「人間の人間による最適な学習支援法の一つ」として残っている指導法でありたいと思っています。

　本書の企画段階から様々なアドバイスをいただいた明治図書教育書編集部の木山麻衣子様と，不十分な原稿に丁寧に目を通して校正していただいた奥野仁美様に心から感謝の意を表します。

筆が思うように進まなかったころ，インスピレーションを得ようと羊蹄山のふもとの京極町の「ふきだし公園」に行ってきました。
　清泉あふれる素晴らしい公園でした。本書の読者が，ここからふきだす美しい水のように，子どもたちの考えの滾々と湧き出て尽きない授業とめぐり逢えますことを心から祈って筆を擱きます。

謝辞

　本書の執筆にあたり貴重なデータを提供いただきました兵庫県三田市立武庫小学校，並びに新潟県上越市立飯小学校の先生方，そして私自身たくさんのことを学ばせていただいた大阪府東大阪市立の数多くの小学校の先生方の意欲的な実践に心からお礼を申し上げます。

2017年3月吉日

亀岡正睦

引用及び参考文献

秋田喜代美（2000）『子供をはぐくむ授業づくり〜知の創造へ〜』岩波書店
池田玲子・舘岡洋（2007）『ピア・ラーニング入門〜創造的な学びのデザイン〜』ひつじ書房
市川伸一編（1996）『認知心理学　4　思考』東京大学出版会
W. ジェームズ（1992）『心理学（上・下）』今田寛訳，岩波文庫
L.S. ヴィゴツキー（2003）『「発達の最近接領域」の理論』土井 捷三，神谷 栄司訳，三学出版
NCTM assessment in mathematics classroom student Self-assessment in Mathematics 1993 Yearbook
遠藤辰雄・井上祥治・蘭千壽編（1992）『「セルフエスティーム」の心理学—自己価値の探求』—ナカニシヤ出版
OECD 教育研究革新センター編著（2015）『メタ認知の教育学—生きる力を育む創造的数学力—』篠原真子他訳　明石書店
梶田叡一（2015）『教育評価』有斐閣双書
亀岡正睦（1990）「算数科教育における〈ふきだし法〉の理論と展開」大阪教育大学数学教育研究　第20号
亀岡正睦（2009）『算数科：言語力・表現力を育てる〈ふきだし法〉の実践〜算数的活動と思考過程記述のアイデア〜』明治図書
亀岡正睦編著（2014）『授業と学習のユニバーサルデザイン』明治図書
亀岡正睦・古本温久著（2014）『算数科授業デザイン「ふきだし法」』東洋館出版社
河合隼男・中村雄二郎他（1984）『トポスの知』TBS ブリタニカ
Cathy N. Davidson（2012）"Now You See It" penguin books
古本温久（2013）「「ふきだし法」は小学生のメタ認知を促す学習指導法なのか」大阪大学大学院人間科学研究科臨床教育学講座教育コミュニケーション学分野修士論文
佐藤 学（1999）『学びの快楽〜ダイアローグへ〜』世織書房
佐藤 学（2000）『授業を変える学校が変わる—総合学習からカリキュラムの創造へ』小学館
三宮真智子編著（2008）『メタ認知』北大路書房
三宮真知子編著（2008）『メタ認知−学習力を支える高次認知機能』北大路書房
シャンク，ジマーマン編著（2007）『自己調整学習の実践』塚野洲一編訳，北大路書房
J・ジマーマン他（2008）『自己調整学習の指導』塚野州一他訳，北大路書房
ダイアン・ハート（2012）『パフォーマンス評価入門「真正の評価」論からの提案』田中耕治監訳，ミネルヴァ書房
伊藤崇達著（2009）『自己調整学習の成立過程』「学習方略と動機づけの役割」北大路書房
エドガー・デール（1950）『学習指導における聴視覚的方法』有光成徳訳，政経タイムス出版社
中原忠男（1995）『算数・数学教育における構成的アプローチの研究』聖文社
奈田 哲也．丸野 俊一（2011）「他者との協同構成によって獲得された知はいかに安定しているか」発達心理学研究，第22巻，第2号

二宮裕之（2002）「数学教育における相互構成的記述表現活動に関する研究―内省的記述表現の既定と内省的記述活用学習の事例的分析―」全国数学教育学会誌，数学教育学研究，第8巻

二宮裕之（2005）『数学教育における内省的記述表現活動に関する研究』風間書房

二宮裕之（2005）「算数・数学学習の評価に関する新たな視点」日本数学教育学会誌，第87巻第8号

二宮裕之（2006）「算数・数学教育における「メタ評価」に関する研究（１）―評価についての評価論―」日本数学教育学会第38回数学教育論文発表会論文集，pp.84-89

二宮裕之（2008）「算数学習におけるふり返りとまとめ」日本数学教育学会誌，第90巻第12号

二宮裕之（2009）「学力調査における評価と学習・指導との一体化―学習目的を志向する評価活動を手がかりに―」日本数学教育学会誌，第91巻，第5号

日本数学教育学会編（1995）『数学教育学の理論化へ向けて』産業図書株式会社

パウロ・フレイレ（1979）『被抑圧者の教育学』（注　パウロ・フレイレ『被抑圧者の教育学』亜紀書房

平林一榮（1987）『数学教育の活動主義的展開』東洋館出版社

平林一栄（2001）「授業とは何か―数学教育における認識論的授業論―」『近畿数学教育学会会誌』第14号，pp.34-41

平林一榮（2006）「数学教育学の居場所（niche）―新しい認識論の視点から―」日本数学教育学会誌，第88巻，数学教育論究 vol.88，pp.39-47

Boaler, J. (1997) Experiencing school mathematics: teaching styles, sex and setting Buckingham, Open University Press

丸野俊一編（2008）『現代のエスプリ497「内なる目」としてのメタ認知』至文堂

Max Van Manen (1991) Reflectivity and the pedagogical moment: the normativity of pedagogical thinking and acting Journal of Curriculum Studies, 1366-5839, Volume 23, Issue 6,

溝上慎一（2014）『アクティブラーニングと教授パラダイムの転換』東信堂．

水越敏行（1979）『授業改造の視点と方法』明治図書

茂木健一郎（2005）『「脳」整理法』ちくま新書

茂木健一郎（20039『意識とは何か―〈私〉を生成する脳』ちくま新書

茂木健一郎（2004）『脳内現象〈私はいかに創られるか〉』NHKブックス

山住勝広他（1997）『学びのポリフォニー　教科学習の最近接発達領域』学文社

吉見俊哉（2011）『大学とは何か』岩波新書

Carl R. Rogers (1957) The Necessary and Sufficient Conditions of Therapeutic Personality Change (Journal of Consulting Psychology vol.21, No2)

C.R.ロジャーズ（2005）『ロジャーズ主要著作集3　ロジャーズが語る自己実現の道』諸富祥彦他訳，岩崎学術出版社

C.R.ロジャーズ（1972）『創造への教育　上／下』友田不二男編，伊藤博他訳，岩崎学術出版社

【著者紹介】
亀岡　正睦（かめおか　まさよし）
京都文教大学臨床心理学部教育福祉心理学科教授。
1956年大阪生まれ。東大阪市公立小学校教諭，教育委員会指導主事，室次長，ミラノ日本人学校副校長，神戸親和女子大学発達教育学部准教授を経て現職。
大阪大学大学院人間科学研究科臨床教育学講座教育コミュニケーション学博士後期課程単位取得満期退学。

【主な著書】
『算数科：言語力・表現力を育てる「ふきだし法」の実践〜算数的活動と思考過程記述のアイデア〜』（編著）2009，明治図書
『授業と学習のユニバーサルデザイン』（編著）2014，明治図書
『算数科授業デザイン「ふきだし法」』（共著）2014，東洋館出版社などがある。

〔本文イラスト〕木村美穂

「主体的・対話的で深い学び」を実現する
算数授業デザイン
「ALふきだし法」の理論と方法

2017年4月初版第1刷刊	©著　者	亀　岡　正　睦
	発行者	藤　原　光　政
	発行所	明治図書出版株式会社

http://www.meijitosho.co.jp
（企画）木山麻衣子（校正）奥野仁美
〒114-0023　東京都北区滝野川7-46-1
振替00160-5-151318　電話03(5907)6702
ご注文窓口　電話03(5907)6668

＊検印省略　　組版所　株式会社明昌堂

本書の無断コピーは，著作権・出版権にふれます。ご注意ください。

Printed in Japan　　　ISBN978-4-18-159617-0
もれなくクーポンがもらえる！読者アンケートはこちらから→

アクティブ・ラーニング
小学校のを位置づけた授業プラン

Active Learning が即実践できる！

- ▶ **国語科** 2770・B5判・2260円+税 ・中村和弘 編著
- ▶ **社会科** 2771・B5判・2200円+税 ・小原友行 編著
- ▶ **算数科** 2772・B5判・2300円+税 ・金本良通 編著
- ▶ **理 科** 2773・B5判・2200円+税 ・鳴川哲也・山中謙司 塚田昭一 編著
- ▶ **特別の教科 道徳** 2774・B5判・2200円+税 ・押谷由夫 編著

アクティブ・ラーニングを位置づけた小学校 **国語科** の授業プラン

中村 和弘 編著

Active Learning が即実践できる！

- ●領域ごとに「深い学び」「対話的な学び」「主体的な学び」とのかかわりがよく分かる！
- ●子どもの学びをとらえる視点から記録方法のアイデアまで、ALの評価の考え方を解説！

明治図書　携帯・スマートフォンからは **明治図書ONLINEへ** 書籍の検索、注文ができます。▶▶▶
http://www.meijitosho.co.jp　＊併記4桁の図書番号（英数字）でHP、携帯での検索・注文が簡単に行えます。
〒114-0023　東京都北区滝野川7-46-1　ご注文窓口　TEL 03-5907-6668　FAX 050-3156-2790

＊価格は全て本体価格表示です。